林承杰 ◎ 著

江西优秀文化国际推广丛书

认识汪应辰

百花洲文艺出版社
BAIHUAZHOU LITERATURE AND ART PRESS

图书在版编目（CIP）数据

认识汪应辰 / 林承杰著. -- 南昌 : 百花洲文艺出版社, 2021.10（2022.8重印）
ISBN 978-7-5500-4386-2

Ⅰ. ①认… Ⅱ. ①林… Ⅲ. ①汪应辰（1118-1176） - 传记
Ⅳ. ①K827=442

中国版本图书馆CIP数据核字（2021）第174088号

认识汪应辰

林承杰　著

出 版 人	章华荣
责任编辑	胡青松
书籍设计	方　方
制　　作	何　丹
出版发行	百花洲文艺出版社
社　　址	南昌市红谷滩区世贸路898号博能中心一期A座20楼
邮　　编	330038
经　　销	全国新华书店
印　　刷	江西省和平印务有限公司
开　　本	787mm×1092mm 1/16　印张 15.75
版　　次	2021年10月第1版
印　　次	2022年8月第2次印刷
字　　数	100千字
书　　号	ISBN 978-7-5500-4386-2
定　　价	45.00元

赣版权登字：05-2021-318

邮购联系　0791-86895108
网　址　http://www.bhzwy.com
图书若有印装错误，影响阅读，可向承印厂联系调换。

前言

汪应辰是中国历史上最年轻的状元。

但长期以来，对汪应辰的关注、研究不多，与其在中国科举史、理学史上应有的重要影响不相称。《宋史》有汪应辰传，篇幅达三千五百余字；但元代后，迄今没有一本《汪应辰传》。

2018 年是汪应辰诞辰九百周年，官方、民间组织了一些研讨、纪念活动。以此为契机，汪应辰这个历史人物重新回到了今人的视野。特别是新华社客户端转载新法制报《江西作家著书纪念汪应辰诞辰九百周年》，浏览量超过一百零五万，将汪应辰的宣传推向了一个前所未有的广度。在汪应辰的家乡江西玉山县，如今"汪应辰""汪状元,"知晓度大大提升。

2020 年 12 月 31 日，玉山县紫湖中学举行"汪应辰状元奖学金"签约仪式，这是首个以汪应辰命名的奖学金。奖学金由江西森网汽车股份有限公司创始人范祖森出资，将从 2021 年起实施。出版这本书，正是缘于奖学金签约仪式上的倡议——要让学生们了解、认识汪应辰，应该要有一本适合他们读的书。或者说，是把这本书的出版列入了奖学金计划的一部分。

通过近四个月的努力，有了这本《认识汪应辰》。这是一本人物简传，重要事件和时间基本上有出处；为了增强可读性，每一篇相对完整独立，篇幅都不长，同时对一些历史文化知识作了适当的延伸与诠释。

希望这本书对学生们有所启迪，对更多的人了解、认识汪应辰有所帮助，对玉山县乃至汪应辰一生重要的关联地挖掘历史文化、推进文旅融合发展有所裨益；也希望方家提出宝贵的意见、建议。

作者

2021 年 4 月 19 日于南昌

目 录

CONTENTS

前言 / 1

玉山汪坞"状元福地" / 003

五岁知读书，十岁能为诗 / 005

燃薪夜读 / 007

过继给堂兄做儿子 / 009

喻樗慧眼识珠 / 011

居赵鼎门下 / 015

大魁天下 / 017

宋高宗赐名 / 020

辞谢琼林宴 / 022

为学急如火，客来莫久坐 / 024

新状元拜师老状元 / 026

师从吕本中 / 028

绍兴"状元雨" / 030

秦桧大不悦 / 032

寓居常山永年院 / 037

重葺玉山尤美轩 / 040

师有丧事，千里往吊 / 042

一度迷恋禅学 / 044

不在其位，僭易言之 / 046

老吏不如书生 / 048

祭吊赵鼎 / 050

劝勉喻仲远 / 052

桂林救走卒 / 054

在玉山讲学 / 059

逃过秦桧最后一害 / 062

母亲老了，我等不及了 / 064

罪疑惟轻，分厅治事 / 067

弊去人不知 / 069

在金华讲学 / 073

举陆九龄为学录 / 075

恤民力，通下情 / 077

必保两淮，必据上流 / 079

敌情当为备，海道未可进 / 081

御戎以自治为上策 / 083

不在乎取之多，而在乎用之有节 / 087

不在乎兵之不足，而在乎军政之不修 / 089

一朝大典礼，多应辰所定 / 091

吏民以为神，相戒不敢犯 / 093

劝阻张浚北伐 / 095

举朱熹自代 / 098

遭到朱熹批判 / 100

以忠恕之心，行简易之政 / 105

福州马江天后宫题联 / 108

朝廷谋蜀帅 / 110

除民政积弊 / 113

除铨试积弊 / 116

决当待罪引去，虽得罪不悔 / 118

赈灾济民 / 123

担负戍边使命 / 126

辑集《东坡苏公帖》/ 128

与龙游不浅之缘 / 130

庙堂议不合，不悦者众 / 132

见今居家待罪，不敢赴部任职 / 134

兄弟同朝，时称"玉山二汪" / 138

翰林学士掌修国史 / 140

祸起德寿宫 / 142

举查籥自代 / 144

保护浒浦良田 / 146

前生陈正字，今代傅中书 / 148

官场谢幕 / 152

寓居衢州超化寺 / 154

衰悴多病，苦于目疾 / 156

道无远近高卑之异，但见有不同 / 158

序长不序爵 / 160

吕祖谦之访 / 162

上饶之居，不了了之 / 164

严子陵钓台诗碑留墨 / 166

弟兄无六十，殄瘁亦堪惊 / 168

才未尽其用的一生 / 170

归葬常山球川 / 175

高宗御书，"汪家二宝" / 177

翁婿状元，同掌吏部 / 179

父子尚书，大小端明 / 181

朱熹的回忆 / 183

谥号"文定" / 187

半部《文定集》/ 189

一本《石林燕语辨》／ 191

《宋元学案》立"玉山学案"／ 193

衢州"六贤堂"／ 197

玉山端明书院／ 198

永嘉屿北"飞来墓"／ 200

在玉山县纪念汪应辰诞辰九百周年学术座谈会上的发言／ 207

在玉山县紫湖中学"状元讲坛"上的报告／ 218

在玉山县紫湖中学"汪应辰状元奖学金"签约仪式上的致辞／ 232

后记／ 239

◎汪应辰像

（上海朵云轩"汪氏家族文献"手卷，2016年12月发现）

玉山汪坞 "状元福地"

在江西玉山县北，有三清湖。三清湖原来叫"七一水库"，因水库于 1958 年 7 月 1 日开工建设而得名。后来，随着三清山旅游的发展，"七一水库"改名三清湖。

三清湖畔的青山之间，有一个枫叶村，隔着一湖清水，远离尘嚣，迄今进出村庄仍靠渡船，有点世外桃源的味道。枫叶村原来叫凤叶村，以境内凤岗岭脚、小叶两村各取一字命名。在历史上，那一带曾是玉山通往浙江开化的一条交通要道，清代同治年间的《玉山县志》有小叶桥路通开化、设有渡船的记述。

北宋重和元年十一月十四日（公元 1118 年 12 月 28 日），中国历史上最年轻的状元汪应辰就出生在枫叶村汪坞。其时，汪坞隶属于小叶村。小叶名气甚大，1951 年曾设端明区小叶乡。"端明"便与汪应辰有关，他曾任端明殿学士，人称"汪端明"。

汪家的祖上迁自婺源县（今属江西），汪应辰后来曾写过《赠婺源汪氏》诗，称"昭穆从斯永不忘"。昭穆，指同一祖宗。祖上迁至玉山后，汪家几代务农。几十年后，汪应辰有过这样的自述："我家世代从事农业，谋生的手段很少，都是靠耕作而后有粮吃、纺织而后有衣穿。"

汪坞已久无汪姓居住，但千百年来，相传汪应辰的出生地仍被人们亲切地称作"状元福地"。

如果在玉（山）紫（湖）公路枫叶渡口，能立一块大石碑，醒目地写上"状元故里"，让来往的人们知道：湖对岸藏着汪坞"状元福地"，出了一个中国历史上最年轻的状元，也是玉山历史上唯一一个状元汪应辰。那该多好啊。

五岁知读书，十岁能为诗

幼时的汪应辰天资强敏，聪慧过人。

汪应辰不太喜欢和村庄上的孩子扎堆在一起打闹嬉戏，整天多安安静静、有所思考的样子。他五岁开始读书，喜欢向大人提出各种各样的疑问，打破砂锅问到底；回答大人问题总有一些新意。他以学为乐，自己发明了一种独特的"游戏"——拿树枝在地上写下那些刚刚学来的生僻、奇异之字，以此考别人，许多人常常被他难住。

汪应辰的曾祖母郑老夫人高寿，年逾八十，她非常疼爱，也非常看好这个小曾孙子。老夫人临死前，拉着汪应辰的手，勉励他一定要好好读书。她叮嘱家人说："你们不要小看这个孩子，将来他一定会光宗耀祖，光大家门。"

十岁左右，因能作诗，汪应辰有了一定的名气。因为生活在乡间，汪应辰在诗中所描写的多为乡村随处可见的景物，比如"一拳打破地皮穿，放开青掌始朝天"的蕨草，叶细枝柔的牵牛花，"铁爪玉龙鳞，红冠不染尘"的白雄鸡。

那时，他的父亲迫于解决生计，在县衙里谋得一份弓手差事。弓手是宋代一种兵役，以捕盗为职，收入绵薄，地位卑微。父亲带着他去县城，很多长辈都十分器重汪应辰。

也就在这一时期，北宋灭亡，南宋建立。

北宋靖康二年（公元 1127 年）四月，女真族建立的金朝出兵攻破北宋都城东京（今河南开封），俘虏宋徽宗、宋钦宗二帝和后妃、皇子、宗室、贵戚等三千多人北撤，北宋由此灭亡。五月，幸免于难的宋徽宗第九子、宋钦宗弟弟赵构，在南京应天府（今河南商丘）即位，改元建炎，成为南宋第一位皇帝。

燃薪夜读

在汪应辰的家庭中，母亲的作用甚于父亲。母亲鲁夫人是数十里外球川（今属浙江常山县）人，出生于书香人家。

鲁夫人对孩子既爱又严，汪应辰（小时候名叫汪洋）和哥哥汪涓在她身边长大，自小懂事，勤奋读书。特别是汪应辰，对读书到了酷爱的程度。家中的书读完了，他就从别人家借书读。有时候为了借书，往返要走很远的路，他一点也不觉得累。

借书总是要限期归还的，所以汪应辰便挤时间把借来的书读完，到了归还时间，不管刮风下雨，还是天冷路滑，他都要按时归还，决不失信。而且对别人的书，汪应辰十分爱惜，从不损坏。见他爱惜书、爱读书，又守信用，大家也很乐意借书给汪应辰看。

汪应辰的记性特别好，读过的书能过目不忘。即使这样，有的书读了以后，汪应辰还要把它抄录一遍，以便把书的内容记得更牢。

有人说："汪应辰的腹中藏有很多书。"兄弟俩品行良好，学业长进很快。四邻八乡许多还没有考上功名的读书人，由此受到鞭策，纷纷以两个孩子为榜样，学习更加勤勉刻苦。

因为家里穷，晚上点不起油灯，鲁夫人就用柴草烧一堆火，让兄弟俩借着火光识字读书。《宋史·汪应辰传》记述："家贫无膏油，每拾薪苏以继晷。"这就是"燃薪夜读"的故事，又被称作"拾薪继晷""燃薪照读"等。这个故事被收入了许多青少年励志读物。

后来，汪应辰回忆起这一段生活说："我们兄弟幼小艰苦，生活在乡下，一起读书，相伴成长。"

过继给堂兄做儿子

汪应辰是家中第三个孩子，除了哥哥汪涓，上面还有一个老大姐姐。

大约在汪应辰十一岁左右，他的父亲病逝前，家里陷入困境，生活难以为继。因为哥哥汪涓尚年未及冠，根本挑不动一家重担。姐姐在十九岁时出嫁了，姐夫叫程昂。姐夫家境贫寒，别人觉得姐姐可能忍受不了，很难过下去。姐姐嫁过去后，吃苦耐劳，勤俭持家，竟然安安心心地过起了日子。但是，姐姐没有能力帮衬娘家。

迫不得已，父亲忍痛做出决定：将汪应辰过继给同辈一个堂兄做儿子。这种过继既有悖于常理，也有违于礼义——自己的亲生父母变成了爷爷、奶奶辈，自己的亲兄弟变成了叔伯辈，自己的亲姐妹变成了姑姑辈。

好在不久后，汪应辰遇到了生命中第一个贵人喻樗，随喻樗读

书求学，便离开了汪坞，堂兄对他实际上并无扶养之实。然而父亲
这一决定，给汪应辰带来了大半生阴影。

喻樗慧眼识珠

喻樗是浙江严州（今建德）人，北宋著名理学家、成语"程门立雪"主人公杨时的弟子。南宋建炎三年（公元1129年），喻樗出任玉山县尉，掌一县治安。

因缘巧合，弓手乃听命于县尉。喻樗到任不久，便听说一个已故弓手的孩子叫汪应辰，反映机敏，能言善辩，而且这孩子命苦，年纪轻轻竟然过继给堂兄做儿子。喻樗就动了恻隐之心。

这一天，喻樗见到汪应辰，发现汪应辰比同龄孩子个高，长得堂堂正正，一表人才，不由心生欢喜。喻樗问汪应辰："能对对子吗？"对对子，即对对联。汪应辰回答："能。"喻樗马上出了上联，说："马蹄踏破青青草。"汪应辰略一思索，应声道："龙爪挐开白白云（有的记为'黯黯云''淡淡云'）。"出句实写马蹄踏青，用特写镜头，说地面之事。对句则采用虚实结合的手法，先实写微云飘散，用广角镜头，状空中之景；巧妙的是，还将眼前实景与人们熟悉的"云从龙"的传说联系起来，生发出龙爪掣云的生动形象，使平淡的浮云染上神奇的色彩，令人注目，引人遐思。喻樗大吃一惊，说："这孩子日后了不得，必成大器。"

喻樗是一个善于鉴识的人，于是决定把汪应辰留在身边，教他经学，培养他走科举之路。所谓"经学"，即儒家经典之学，南宋一般是指儒学十三经：《周易》《尚书》《诗经》《周礼》《仪礼》《礼记》《春秋左传》《春秋公羊传》《春秋谷梁传》《论语》《孝经》《尔雅》《孟子》。自汉武帝"罢黜百家、独尊儒术"后，儒学从显学成为官学，终于成为中华文化的核心，而经学也由此成为中华文化最重要的载体之一。

中国的科举制度始于隋唐，在北宋以前以考诗赋为主。至南宋初期，朝廷逐渐改以考经学为主，诗赋就变得不如经学吃香了。汪应辰从小只学习诗赋，如果不是喻樗的引导，很难说他能日后少年登科，成为中国历史上最年轻的状元。

后来，喻樗决定把一个女儿许配给汪应辰，并送了很多书籍做嫁妆，一时传为佳话。

喻樗晚年定居玉山，于南宋淳熙七年（公元1180年）去世，成为玉山下喻（今双明镇下喻村）喻氏始祖。

◎玉山枫叶村远眺（廖端胜　摄）

◎汪应辰出生地汪坞俯瞰（林承鹏　摄）

居赵鼎门下

赵鼎是南宋名相，被称为南宋"中兴贤相"之首。

南宋建炎四年（公元 1130 年）十一月，赵鼎寓居于距玉山不远的浙江常山永年寺后院（俗称永年院）。永年寺又名黄冈寺，在常山县北三十里容车山下。后因黄冈山上建万寿寺，遂改称永年寺为"黄冈底寺"，而称万寿寺为"黄冈上寺"。

喻樗久仰赵鼎大名，便带着汪应辰前往拜见赵鼎。赵鼎初见汪应辰，就很赏识汪应辰。一方面，是因为汪应辰的气质与才华；另一方面，赵鼎是个孤儿，四岁时父亲去世，由母亲樊氏抚养成人，他对汪应辰过继给从兄的遭遇十分同情。于是，汪应辰便随赵鼎在永年院学习了一段时间。赵鼎既善文、诗、词，又推崇北宋程颢、程颐兄弟的"洛学"，政治上有历练，使汪应辰获益匪浅。

南宋绍兴三年（公元 1133 年）三月，赵鼎出任江西安抚大使兼知洪州（今江西南昌）。赵鼎向朝廷荐举喻樗为幕僚，顺便把汪应辰也带到了南昌，让汪应辰进入州学读书。

宋代的地方行政分为三级：第一级为路；第二级为州、府（也有的设军、监）；第三级为县。各路不直接设置学校，仅置学官管理所属各学校。因此宋代地方学校仅有两级：由州或府、军、监设立的，称州学或府学、军学、监学；由县设立的称县学。由于州、县设置最为普遍，故宋代地方学校主要是州学和县学。

有一次，郡博士（州学学官）揶揄汪应辰说："韩愈十三而能文，今子奚若？"唐代韩愈十三岁能作出好文章了，今天你能做到吗？没想到汪应辰立即反驳了他一句："仲尼三千而论道，惟公其然。"孔子有三千弟子听他讲学，只有您还是这个样子。郡博士以问句形式来难汪应辰，汪应辰却以肯定形式来驳博士，答词不仅对仗工整，而且含蓄、巧妙。郡博士听后，很是惭愧。

南宋绍兴四年（公元 1134 年）三月，赵鼎升为副相，又把喻樗、汪应辰带到了临安（今浙江杭州）。此时朝廷尚未定都，临安仍是"驻跸之地"，即皇帝、后妃外出途中暂停小住的地方。五年前，宋高宗至杭州，以州治为行宫，升杭州为临安府。赵鼎让汪应辰在有些名望的私塾继续求学，为参加科举考试做准备。

说赵鼎是汪应辰生命中遇到的第二个贵人（第一个贵人是喻樗），一点也不为过。

大魁天下

　　宋代科举考试，通过州府主持的解试、朝廷礼部主持的省试后，参加最后由皇帝亲自主持的殿试。

　　南宋绍兴五年（公元 1135 年），汪应辰以信州解元（解试第一名）、省试第八名（有说第九名）的优异成绩参加殿试，当时的皇帝是宋高宗赵构。

　　南宋政权初建，宋高宗迫于形势起用抗战派官员，但不久即放弃中原，从南京应天府（今河南商丘）一路向南溃逃，先后到扬州、镇江、杭州、越州（今浙江绍兴）、明州（今浙江宁波）、定海（今浙江舟山）、温州，甚至有一段时间漂泊海上。宋高宗患上了严重的"恐金症"，多次派使臣向金朝乞降，哀诉自己逃到南方后，"所行益穷，所投日狭"，"以守则无人，以奔则无地"，要求金朝统治者"见哀而赦己"，不要再向南进军。

几年间，长江以北国土丧失殆尽，建康（今江苏南京）都成了前线。好在南宋建炎四年（公元1130年）三月，黄天荡（今江苏南京东北江边）之战，宋军以八千兵抗拒金兵十万之众，阻击四十八日，虽败而使金军从此不敢轻易渡江，半壁江山才得以保全。

越是软弱越是受欺，金朝决意灭南宋。南宋绍兴四年（公元1134年）十月，金军会同其扶植的傀儡政权"伪齐"军又大举发兵，来势凶猛。有官员主张疏散朝廷百司，请宋高宗避敌兵锋。当时赵鼎已是右相，坚决反对这种意见。在赵鼎的力主下，实在是求和无路的宋高宗才鼓起勇气，宣布定策亲征，进驻平江（今江苏苏州）。其后，宋军捷报频传，金与"伪齐"军北退。

南宋绍兴五年（公元1135年）正月，宋高宗说："恢复之图，所宜爱日。仍先求人才，有人才则天下之事无不举。然用人才，要在进君子退小人。"二月，宋高宗乘舟自平江（今江苏苏州）还临安（今浙江杭州）。宋高宗进赵鼎为左相，负责政事及进退人才，励精图治；张浚为右相，都督诸路军马，负责边事，"二相相得，同志辅治"。

因百司不备，这一年的省试推迟至六月十六日，殿试则拖到了八月二十二日。

在殿试时，宋高宗以"吏道未肃、民力未苏、兵势未强"为问。汪应辰在应试策论中系统地回答了宋高宗提出的问题，并特别强调"反求诸己"，即治国者要时时反省，正心诚意，身体力行。汪应辰写道："陛下励精图治，求复父兄之仇，亦历年，而驻跸无一定之地，战守无一定之策，进退无一定之人，所施行事无一定规画，何以奏功？是在陛下反求诸己而决定之。"

这些有着赵鼎、喻樗影响的观点，不仅切中时弊，具有鲜明、深刻的现实意义，更为关键的是契合了宋高宗当时的心境和朝廷的主流。加上文采飞扬，笔力老到，汪应辰脱颖而出，最终被宋高宗擢为第一，大魁天下。

这一年，汪应辰年甫十八，实不满十七周岁，成为中国历史上最年轻的状元。

"朝为田舍郎，暮登天子堂"，状元乃天子门生中的佼佼者。它意味着天资学识的典范、往圣绝学的继承者，还常常被赋予重要的德性期待，是古代中国人的奋斗目标和人生价值归依。可以说，古代中国人有着很强的"状元情结"。

宋高宗赐名

南宋绍兴五年（公元1135年）九月五日，举行唱第仪式。

唱第，又称唱名、钦点、传胪，皇帝亲自宣布登科进士的名次，并召见他们。一般由阁门承接，传于阶下，卫士齐声传名高呼。传唱完毕，传胪官引导一甲三名的状元、榜眼、探花，走到皇帝座前的阶下迎接殿试榜。其中的状元位置居中，且稍前于榜眼、探花，如三角形的顶角位置，正好站在第一块御道石正中镌刻的巨鳌头部，独个踏占在鳌头之上，这就是"独占鳌头"的由来。

自南宋建立，朝廷多年来忍辱负重，流离转徙，这是第一次恢复正式、隆重的唱第仪式。《宋史》记述："唱名始遵故典，令馆职侍立殿上。"

宋高宗一看，文采飞扬、笔力老到的新科状元竟然不是老成之士，而是一介翩翩少年，英姿焕发！问知年龄"年甫十八"，宋高宗顿时龙颜大悦，说："祖宗朝时有王拱辰，进士第一人，年甫十九。"王拱辰是北宋状元，原名王拱寿，主持殿试的宋仁宗赐名拱辰，取"譬如北辰居其所，而众星拱之"意。宋高宗接着说："新科状元，年实相似，朕赐名'应辰'。""应"字念去声 yìng，有应景、顺合、适合的意思。左相赵鼎为汪应辰取字"圣锡"，说明是皇帝所取之名。

古人的"名"与"字"是两个不同的概念，不能混为一谈，"名以正体，字以表德"。"幼名，冠字"。即古人的名，主要用于自称。在长辈或君主面前，通常自称其名，以示谦逊。称呼他人时，则称其字，以示尊重。这是因为名一般是取于出生之时，自称其名，含有涉世未深、见识不广的谦逊意思。字是取于成年之时，称呼对方的字，则有对方比自己涉世经验深、见识广的意思，以示对对方的尊敬。简而言之，取名是为了分彼此，取字则是为了明尊卑。

汪应辰同榜进士王庭珪后来说："汪应辰从小名气很大，不到弱冠的年龄参加殿试，陈述治安之策，靠奇特才能、深刻思考，被皇帝擢居第一，震耀天下。从赐名这件事，可见皇帝对汪应辰有多么赏识和喜爱。"

辞谢琼林宴

唱第、"夸官"、琼林宴是新科状元三大无上的荣耀。

通常在钦点之后，接着举行"夸官"（俗称状元游街）仪式，即由吏部、礼部官员捧着圣旨鸣锣开道，新科状元身穿红袍、帽插宫花，骑上高头骏马，在皇城御街上走过，接受万民朝贺。因奉有皇上圣旨，不论什么官员，都必须跪迎，向圣旨叩头，高呼万岁。

不同的皇帝对"夸官"仪式有不同的做法，有的只许状元一人，有的是状元、榜眼、探花三人，有的则由状元领着所有新科进士一起参加，目的是激励学子们的上进心，鼓励他们积极地学习，参加科举考试。

由于朝廷尚未定都，"夸官"仪式无法举行，剩下的唯有皇帝为新科进士举行的宴会——琼林宴。自北宋太平兴国九年（公元984年）至政和二年（公元1112年），赐宴都是在都城东京（今河南开封）城西著名的皇家花园琼林苑举行，故称琼林宴。后世赐宴虽非其地，然仍袭用其名。

从北宋官员宋庠的一首诗《庚午春观新进士锡宴琼林苑因书所见》，就可以看到皇帝赐宴是多么盛大隆重："沼浮渑酒渌，坻聚舜庖膻"，美酒多如渑水（古水名，在山东境内），美食堆放得如小山一样；"场回歌声合，风回舞节妍"，莺歌燕舞，欢声雷动。

晚于汪应辰出世，著名的民族英雄、南宋状元文天祥后来也有一首《御赐琼林宴恭和诗》，其中写道："云呈五色符旗盖，露立千官杂佩环。"

逢良辰、赏美景、品佳肴，得皇帝亲赐御酒——琼林宴是古代读书人寒窗十年、梦寐以求的盛宴，是新科进士唾手可得的奖赏。然而，汪应辰却以国家多难、民生多艰为由，奏请宋高宗取消了赐宴。

为学急如火，客来莫久坐

"穷居闹市无人问，富在深山有远亲"，考上状元后，身价倍增，前途无量，访客络绎不绝。

自古以来，人情世故就是如此。据说北宋名相吕蒙正考中状元后，曾作有一副对联，上联："旧岁饥荒，柴米无依靠，走出十字街头，赊不得，借不得，许多内亲外戚，袖手旁观，无人雪中送炭。"下联："今科侥幸，吃穿有指望，夺取五经魁首，姓亦扬，名亦扬，不论王五马六，踵门庆贺，尽来锦上添花。"

但汪应辰没有迷失自己，没有滋生出哪怕一点点骄傲的情绪。相反，通过参加考试，他更加感到自己学识的不足，学无止境，需要更加发奋地读书。正如中书舍人胡寅所说："近来接见过许多士人，询问治国之道，你未成年，却能讲明帝王以身作则的根本所在，没有邪僻之学迎合世俗的态度。"

汪应辰在写给左相赵鼎的信中，除了感谢赵鼎的"奖提诱掖"，特别表示要不懈努力地读书，"敢以中庸明道之书，永为座右修身之戒。"在另一封写给信州知州曾纡的信中，汪应辰谦虚地说自己才疏学浅，不谙世事，"学僻而迂，齿少且贱""登名桂籍，误居多士之先"，表示自己一定会再接再厉，虚心向师长、楷模学习。

为免访客打扰，汪应辰在客人的座位题了一句诗："为学急如火，客来莫久坐。"读书容不得半点懈怠，就像着了火一样着急，以提醒对方莫清谈、闲聊太长时间。

新状元拜师老状元

按照过去的惯例，殿试第一名不需依次补官。

宋高宗准备授予汪应辰馆阁之职，左相赵鼎说："汪应辰年轻，应让他先在地方上历练，以培养他成才。"所谓"馆阁"，指北宋以来设昭文馆、史馆、集贤院三馆和秘阁、龙图阁等阁之通称，分掌图书经籍和编修国史等事务。于是，宋高宗授予汪应辰镇东军签判。但汪应辰并未赴任，而是请求准许他一年半假回家。

实际上，汪应辰并非真的要回家，他是听说与喻樗同出师门的老状元张九成很有学问，对经学有独创见解，决定利用假期拜张九成为师，向张九成求教经学。

张九成年少时游学于北宋都城东京（今河南开封），曾有权贵托人馈赠钱物，说："如果你肯师从于我，定当荐举你任馆阁之职。"张九成笑而却之。南宋绍兴二年（公元1132年），张九成在殿试时慷慨陈词，直言不讳，痛陈宋金形势，认为"去谗节欲，远佞防奸"为中兴之道。中状元后，张九成所任官职也是镇东军签判。因对上司不体察民情、滥捕百姓不满，张九成与之争执，弃官而走，闭门讲学，生徒日众，闻人常至。

此时张九成恰好因赵鼎力荐，以太常博士被召赴临安（今浙江杭州），有天时地利之便。而张九成自然乐意教汪应辰这个晚辈，他跟学生说："汪应辰年纪轻轻已经考上状元，又如此谦逊，沉得住气，静得下心，磨砺自己，不露锋芒，将来必成大器。"

新状元拜师老状元，被时人称作"天下奇特事"。

后来，汪应辰罢官赋闲期间，张九成多次写诗寄望他坚定操守，厚积薄发，不要像桃李花一时喧妍，"未及瞬息间，飘零堕风烟"，而要做洁白无瑕的美玉和"霜雪弥贞坚"的青松；虽然身处困境，但绝不能沉沦，而要做自己命运的主人，"谁云一戢翅，沉滞十二年"，"谓年未三十，当握造化权"。

张九成为人刚直，不附权贵，对汪应辰影响很大，后世称汪应辰"骨鲠极似张九成"。

师从吕本中

南宋绍兴六年（公元 1136 年）十二月，赵鼎罢左相，降为绍兴知府。汪应辰遂别张九成，跟随赵鼎到绍兴府做幕僚。

经赵鼎引荐，汪应辰拜奉祠寓居绍兴的吕本中为师。"奉祠"，指被任命为"祠禄官"，一般以安置五品以上不能任事或年老退休的官员，只领官俸而无职事。

吕本中家学深厚，他的玄祖父是北宋名相吕夷简，曾祖父是北宋名相吕公著，祖父是北宋教育家吕希哲，父亲是与杨时并称的南宋道学家吕好问。吕本中既是著名诗人，他二十岁左右作《江西诗社宗派图》，"江西诗派"由此一举定名，成为中国文学史上第一个有正式名称的诗文派别；又是理学家，号称得"中原文献之传"，是南渡后学术界的领军人物。

吕本中主张"多识前言往行以畜德"。前言往行，指前代圣贤的言行。这句话就是强调读书、做学问要重积累和涵养，要通过读史加强自己的品德修养，培养自己的器识。吕本中痛斥士人"徇空言而忘实用"，强调要"反诸其躬而求其内""穷探力索而见之行事"。他反复告诫弟子："读书万卷君所闻，只要躬行不要反""读书要躬行，俗事不厌简""少年学问要躬行，世事营营勿与争"。在躬行之中，他又特别强调要"严辞受出处，察邪正是非"，讲修身养性，不仅仅是为了独善其身，更重要的是为了实现治国、平天下的理想。师从吕本中使汪应辰成为"中原文献之传"中的桥梁人物，而"多识前言往行以畜德"也成为汪应辰一生的座右铭。

后来，吕本中多次勉励汪应辰要做"千里马"，不要做"井底蛙"；要振作，不要沉沦；希望他"守至正以待天命，观物变以养学术"，期待与他"相望来何时，春风漫桃李"。师生间的感情甚笃，吕本中曾在信中说："拳拳之私，朝夕不忘。"

南宋绍兴十五年（公元1145年）七月，吕本中逝世。汪应辰作《挽吕舍人》《借舍人吕丈送大雅东还诗韵奉呈》等诗，深情怀念老师。

绍兴"状元雨"

南宋绍兴七年（公元 1137 年）夏，小旱。

绍兴知府赵鼎安排汪应辰去求雨。求雨，是人们祈求降雨的一种类似宗教的民俗活动。在历史上靠天吃饭的时代，由于人力不能及，人们只能祈求上天神明降雨，以解决生活及农耕之所需。

"以鳗祈雨"是宋代江浙地区盛行的一种祈雨习俗，世间流传沿用至今，甚至传播到了海外。之所以选择鳗鱼，其一，龙为呼风唤雨、腾云驾雾的圣灵之物，而鳗长形似蛇似龙，且在江浙地区鳗鱼的出现常伴有甘霖迹象；其二，阴阳五行中认为黑为水（如乌云、天气变暗都是降雨的征兆），白为金，金生水，而鳗背部呈灰黑，与水相连，腹部呈白，与金相符。

按照宋代的祈雨法，官方祈雨地点一般在寺庙的鳗井、龙井；而民间并不限于此，也可以去其他有灵气的池地。通常是先捕捞一条鳗鱼，然后换上青衣，设立祭坛，用大瓮盛水，把鳗鱼放在水里，再插柳枝，鸣钟乐，熏檀香，行二跪六叩首礼，高声唱道："灵鳗灵鳗，兴云吐雾。降雨滂沱，放汝生还。"

汪应辰是否采取"以鳗祈雨"未见记述，但他求雨成功了。

绍兴人久仰赵鼎大名，奔走相告，说："这是'相公雨'。"因为赵鼎当时罢左相不久，故称"相公"。赵鼎很高兴，但他没有揽功。赵鼎说："不对，这是'状元雨'。"

其后不久，这一年九月，赵鼎复相。

秦桧大不悦

南宋建炎四年（公元 1130 年）十一月，曾任北宋御史中丞、后被金军所俘的秦桧归朝，自称"杀金人监己者，夺舟来归"。一见到宋高宗，秦桧便提出了天下"南自南，北自北"的议和主张。

宋高宗自即位以来屡次遣使于金求和，但多不得要领，只是且守且和。这下子，宋高宗高兴得睡不着，即重用秦桧为试礼部尚书。次年八月，秦桧拜右相。宋高宗专意与金解仇息兵，一意求和，始于秦桧南归以后。

南宋绍兴二年（公元 1132 年）九月，入相前后仅一年的秦桧，因植党专权、排斥异己、操之过急，遭罢。后数年，金兵暂停南侵，宋高宗便抽调精兵镇压荆湖、江西、福建等路的农民起义军和盗匪，初步在东南站稳了脚跟。他虽然在防御金兵方面作了一些部署，但只把军事部署作为求和的筹码，始终没有收复失地的打算。

南宋绍兴八年（公元 1138 年）三月，秦桧再拜右相，自此把持朝政长达十八九年之久，极力陷害反对和议、要求抗金的官员。

南宋绍兴八年（公元 1138 年）十月，金派使臣南来约定和议，提出进入宋境后，宋"接伴官"须跪膝迎接，州县官须望"诏书"迎拜；到达临安（今杭州）后，宋高宗须脱下皇袍，改穿大臣服拜受"诏命"，即南宋必须向金主称臣纳贡，取消帝号及宋国号，只作为金的一个藩属。尽管当时许多大臣坚决反对，宋高宗与秦桧还是接受了以上条件，同意讲和。后因军民群情激愤，十二月金使到时，秦桧以宰相身份跪拜接受金朝"诏书"，承认了金宋之间的君臣关系。

南宋绍兴九年（公元 1139 年）正月，朝廷正式下诏宣布和议成立：金以河南之地予宋，宋向金岁贡银绢共五十万匹两。抗金名将张浚、岳飞等纷纷反对和议。

时任秘书省正字的汪应辰写了一篇《轮对论和议异议疏》，尖锐地指出："不要为和议假象所迷惑。"汪应辰说："历史上秦国灭楚国前，又是让地、出借军队，又是约为兄弟关系，相互通婚；秦国灭齐国前，与齐通和四十余年未尝交兵。如今金国所谓'还我梓宫、归我母兄、复我舆地者'，谁知道安的是什么心？"

汪应辰认为，和谈不成不是所要担心的，和谈成了但举国因循守旧不做战争准备才使人担心；不同意见争论不休不是所要担心的，异议停止了，但上下互相欺瞒才更可怕。即使讲和了，也不能放松警戒，不能不防金国他日来犯，"勿谓和好之可以无虞，而思患预防，常若敌人之至"。汪应辰说："纵使忘记了许多年积下的耻辱，难道不想想突然可能发生的意外之祸吗？"

汪应辰又将矛头直指秦桧的专权，说道："当下对持有与朝廷意旨相去甚远的人就加以驱逐，与朝廷意见有较小不同的人就罢黜，以至于只有一句话迎合了朝廷的意见，就会破格提拔，导致小人窥见往上爬的缝隙，轻浮、急躁的人阿谀奉承以求得宠信，胆小、怯懦的人默默等待被提拔到新的职位，而忠臣正直之士都难以自立于一群小人之间。"

秦桧见到此疏，大不悦，立即贬汪应辰为建州（今福建建瓯）通判。汪应辰拒绝赴任，遂请祠，即自己申请出任"祠禄官"，只领官俸而无职事。

◎通往枫叶村（汪坞）的渡口（廖端胜　摄）

◎2018年12月15日，玉山县召开纪念汪应辰诞辰900周年学术座谈会
（图片由玉山博物馆提供）

寓居常山永年院

南宋绍兴九年（公元 1139 年）五月，朝廷给了汪应辰一个主管台州（今属浙江）崇道观的空头衔。

南宋带有"宫、观、庙"字眼的官职，如主管台州崇道观、主管江州（今江西九江）太平观、提举临安府（今浙江杭州）洞霄宫等，都属于"祠禄官"。

或许因为当初那层既有悖于常理，也有违于礼义的过继关系，汪应辰没有回到老家玉山小叶，而是栖身于距小叶数十里外的常山永年院，也就是当年他结识赵鼎，并随赵鼎学习了一段时间的地方。《宋史·汪应辰传》有这样的记述："寓居常山之永年院，蓬蒿满径，一室萧然，饘粥不继，人不堪其忧，处之裕如也，益以修身讲学为事。"蓬蒿长满路上，整个院子显得十分萧条，供应的粥又不能按时，许多人不能忍受这种困苦，而汪应辰过得好像很富裕似的，还更加以修身讲学为己任。南宋名相、抗金名将张浚称汪应辰："妙年得盛名，曾不以此自恃，而志益下，学日益修，士论高之。"

因为哥哥汪涓已外出为官，汪应辰把母亲一起接到了永年院生活。他写信给友人说："屏居山林，正得其所，一面侍奉长辈，一面读书治学，造物于我不薄。"又说，"君子不愿乎外，是以不怨天；尽在其我，是以不尤人。祸福得丧，在天而不在人，我何怨？是非毁誉，在人而不在我，又何尤？"遇到挫折或出了问题，不一味抱怨上天、责怪别人。

这期间，尽管宋军北上节节胜利，但朝廷一向担心将帅权重会威胁自身统治，遂命两淮各路宋军班师，并解除了韩世忠、张俊、岳飞三大将的统兵权，从此不复出师。南宋绍兴十一年（公元1141年）十月，岳飞以"莫须有"罪名被捕入狱。十一月，宋金达成和约：一是宋向金称臣，"世世子孙，谨守臣节"，宋帝由金册封；二是划定疆界，东以淮河中流为界，西以大散关（今陕西宝鸡西南）为界，以南属宋，以北属金；三是宋每年向金纳贡银二十五万两、绢二十五万匹，自次年开始，每年春季搬运至泗州（今江苏盱眙北）交纳；四是金归还宋徽宗棺木与宋高宗生母韦氏。通过这次和议，金人得到了从战场上得不到的大片土地和金帛，宋金之间确定了政治上的不平等关系，从此结束了长达十年的战争，形成了南北长期对峙的局面。

至南宋绍兴十七年（公元1147年）春，汪应辰三任主管台州崇道观，在永年院生活了八年。

后来，汪应辰历官多地，漂移不定，一些书籍、旧物等，便一直存放在永年院，托付人照管。南宋乾道九年（公元 1173 年）七月，汪应辰的学生吕祖谦准备刊刻理学家张载的《横渠集》，听说汪应辰手中有从成都张载孙子处得到的传本最为详备。吕祖谦致信汪应辰说，如果书存放在永年院，他就让人往永年院去取。

汪应辰把永年院当作自己一生重要的驿站，甚至视以为家。

重葺玉山尤美轩

赋闲下来的汪应辰回了一趟玉山老家，重葺了位于小叶村洞岩的尤美轩（今玉山天梁景区一带，俗名洞口，"仰天崖"旁）。

尤美轩是汪应辰岳父喻樗当初任玉山县尉时所建，轩名"尤美"取之北宋欧阳修《醉翁亭记》中的"林壑尤美"句，以示对欧阳修的景仰，喻樗亲自题写了轩名。后数年，轩毁。有寺僧重建时，移轩山下。

汪应辰重葺的便是山下之轩，他为此写下一首长诗《尤美轩》，感慨时过境迁，表达自己离家十年，从一个懵懂少年，到考取状元、大魁天下、踌躇满志、意气风发，又到得罪权相、前途迷茫，郁闷、失落的情绪，"恍悟十年行路迷""无所还者吾其栖"，甚而生出"爱山愿作此轩客"的消极思想。

老师吕本中以诗叙建轩始末，再次寄望汪应辰耐住寂寞，坚守住自己的品性。

若干年后，有个叫程迥的人来到尤美轩，写下同题诗《尤美轩》。程迥既是喻樗的学生，又视汪应辰为老师。程迥在诗的题注中写道："尤美轩在玉山之洞岩，玉泉先生所创，上饶公重葺。"玉泉是喻樗的号；汪应辰后封上饶郡开国侯，故称"上饶公"。

南宋大诗人、理学家朱熹身不能至，心向往之，写了一首诗《伏读〈尤美轩诗卷〉谨赋一篇寄呈伯时季路二兄》。伯时、季路是汪应辰两个儿子的字，名为汪逢和汪逵。

一座小小的亭榭尤美轩，它寄托着对欧阳修的怀思，有那么多人登临观赏、吟咏情性，留下《尤美轩诗卷》，赋予它声名，赋予它生命。尤美轩之于玉山，就像岳阳楼之于岳阳、滕王阁之于南昌、黄鹤楼之于武汉。

轩虽无存，但"仰天崖"底下的"状元洞"迄今仍流传着汪应辰在洞中读书的故事。

师有丧事，千里往吊

南宋绍兴十一年（公元 1141 年）正月，汪应辰的老师张九成丧父。

几年间，张九成的境遇并不好，先是力辞浙东提刑不就，回归乡里。后复入朝，在权刑部侍郎任上，张九成恪尽职守，平反一诬告案件，朝廷欲以嘉奖，张九成说："任职刑部，出现冤案，我本有责，怎可邀功？"赵鼎被罢相，时金人求和，秦桧几次劝诱张九成支持和议，都为张九成严词拒绝。秦桧说："做官要懂得人情世故，能屈能伸。"张九成说："没有不正自身却能正人的。"遂谪邵州，又被诬矫伪欺俗，结果落职。

惧于秦桧的淫威，许多人都不敢和张九成往来，唯有汪应辰经常写信问候张九成。汪应辰曾跟自己的同榜进士毛叔度说："子韶（张九成字）处不通书，恐亦未然，幸更思之，交游间稍通显者，便与之疏，则似有意。"张九成曾有诗"书来每慰荐，苦语余辛酸"，说的就是汪应辰与他通信的事。张九成还写道："相思暮烟起，片月过前滩。"以表达对汪应辰的想念之情。

即使在张九成遭丧父之痛时，负责监督与上谏的言官们仍对他加以攻击。唯有汪应辰听到张九成丧父的消息，毫不犹豫地赶往海宁盐官（今属浙江）吊唁。许多人都认为汪应辰那样做很危险，为汪应辰捏一把汗。喻樗的老朋友沈晦，也是宋徽宗时期的一个状元，称汪应辰"千里赴师友丧，名高行峻"。

张九成服丧毕，与余杭径山寺宗杲禅师谈禅理，遭秦桧陷害，以谤讪朝政为由被贬谪居南安军（今江西大余）。此次师生一别，十五年不复相见。

一度迷恋禅学

北宋文学家苏辙说："一个人多病则适宜学道，多难则适宜学禅。"道即道学，禅即禅学。禅学是一种融合中国传统文化的佛学流派。

汪应辰年纪轻轻得罪权相，前景暗淡，闲居穷山萧寺，是人生一难。加上又受两位老师张九成、吕本中的影响，他们都是宗杲禅师的入门弟子，汪应辰渐渐地显露出了对禅学的兴趣。

南宋绍兴十年（公元1140年）五月，汪应辰随张九成去余杭径山能仁寺，他旁听了宗杲禅师与张九成间的谈话。宗杲禅师的博学、机智、善辩，给汪应辰留下了极好的印象。

南宋绍兴十四年（公元1144年），汪应辰至少两次致信宗杲禅师，向其请教禅学。宗杲禅师对汪应辰的学禅之心大加肯定，称汪应辰对禅学真谛领略得已有九分九毫，只差最后那醍醐灌顶的一悟。如果开悟，则见性成佛。宗杲禅师希望汪应辰"有决定信，具决定志"，决定信就是决定之信心，不杂疑念之信心；决定志就是我今生就办一件事情，办不好不罢休。

南宋绍兴十五年（公元 1145 年）正月，汪应辰在永年院因陋就简建起了一间燕坐轩。燕坐即坐禅，闭目端坐，凝志静修，以达到了悟自心、本来清净的境界。可见汪应辰对禅学已到迷恋程度，把它当作了每天的必修功课。宗杲禅师为其题诗《汪状元燕坐轩》写道："寄语轩中燕坐者，好看新月下前溪。"

南宋隆兴元年（公元 1163 年）八月十日，宗杲禅师圆寂。时在福州做官的汪应辰写下祭文，称宗杲禅师有卓绝之识、纵横之辩，曾为自己解疑答惑、指点迷津。

迷恋上禅学的汪应辰，并没有放下经学，他赞同宗杲禅师"为学为道一也"的观点，在思想上倾向于儒佛道三家为一。实际上，既尊孔崇儒，又不排斥佛、道思想，倡导儒佛道三教并行，这也是宋代的主流文化。

不在其位，僭易言之

南宋绍兴十四年（公元 1144 年）夏天，信州（今江西上饶）发大水，冲毁良田，粮食无收，"畎亩化为溪洑，菽粟混为泥沙"。

寓居常山永年院的汪应辰坐不住了，就给信州知州程瑀写信。程瑀原是兵部尚书，因在朝中为秦桧所不容，于南宋绍兴十三年（公元 1143 年）九月贬谪信州。

汪应辰在信中直言不讳地指出："大灾之下，有钱者为富不仁、幸灾乐祸，贫困者触犯禁令、无所顾忌，安分守己的善良百姓惴惴不安，终日忧愁，这样的危害恐怕比洪水还要严重。然而，没有听说朝廷实施赈济、抚恤，以安慰生者、吊唁死者；也没有听说有所举措，兴利除弊，谋划长久之策。"

汪应辰认为，"通变于不得不为之时，消患于无声无形之内"，要审时度势，随机应变，把隐患消灭在萌芽状态，不要漠视百姓冷暖，积怨成祸。他建议每县安排明察、仁爱的官员，一面免租赈灾，一面加强监督，约束权力，防止贪污腐败。

汪应辰说："某不在其位，而僭易言之。"僭易，犹言冒昧、轻慢。虽然人微言轻，汪应辰感到自己终究享着无功之禄，不可能因为担心惹是生非，就视而不见、闭口不说，那样将问心有愧。

其实，程瑀早向朝廷报告信州灾情之严重。秦桧见到程瑀的奏牍，在朝议中说："信之洪水，不至如是。"秦桧真是瞒天过海，草菅人命。程瑀一气之下，遂以提举江州太平兴国宫称疾告退。

老吏不如书生

三次请祠，闲居八年。汪应辰本来还想继续请祠，但"以法不许过三任"。他曾说："奉祠且满，比求再任，万一不谐，则可索我于枯鱼之肆。"以表明自己不愿意同流合污的态度，但朝廷不允。枯鱼之肆，比喻无法挽救的绝境。

南宋绍兴十七年（公元1147年）春，汪应辰添差通判袁州（今江西宜春）。添差，即于员额外增添的差遣。

汪应辰刚到袁州时，许多人看他一介书生，有点轻视怠慢他。没料到汪应辰做事竟很老到，判决的案子让人心悦诚服，提不出异议，不久"老吏不如书生"就在袁州传开来了。老吏，指年长、经验丰富的官吏。

南宋名相、抗金名将张浚称汪应辰："孜孜然以袁人之心为心。"这句话的评价很高，出自《老子》："圣人恒无心，以百姓心为心。"

圣人没有固定不变的意志，而是以百姓的意志为意志，想百姓之所想，急百姓之所急。

"本是扶犁客，随缘漫作官。"至南宋绍兴二十年（公元1150年）五月离任的三年多时间里，袁州老百姓有诉讼的、有冤屈的、有纠纷的，都点名要找汪应辰。汪应辰也乐意把老百姓的冷暖放在心上，勤勉而不懈怠。这样，汪应辰便整天忙得不行，他所处理的案件数不胜数。正如他在《宜春书事》诗中写道，"俗事如麻拨不开"。

繁忙的公务之余，汪应辰在袁州城郊、秀江北岸的化成岩，立祠供奉唐代名相李德裕，称"李卫公祠"。后人登临题咏，摩崖石刻，成就了袁州一道名景。

祭吊赵鼎

汪应辰在袁州（今江西宜春）任上，他的恩师赵鼎出事了。

几年间，赵鼎为秦桧所构陷，先后贬知泉州，谪居兴化军（今福建莆田），移漳州、潮州安置，再移置吉阳军（今海南三亚）。

汪应辰多次写信劝慰赵鼎"存心行己，无愧天地"，希望他保重身体"以慰中外之望"，感慨"风波可畏，直道难行，一至以此"，直言对秦桧之流"欲加之罪，何适不可"的不满。

赵鼎在吉阳三年，知秦桧必欲杀己，自书铭旌："身骑箕尾归天上，气作山河壮本朝。"南宋绍兴十七年（公元1147年）八月，赵鼎绝食而死。

南宋绍兴二十年（公元1150年）春，获准归葬浙江常山的赵鼎灵柩路过袁州。惧于秦桧的淫威，此前一路上无人敢出面祭吊赵鼎，情形十分凄惨。

汪应辰写下祭文，称赵鼎两次登上宰相之位，都是正值艰难危急之时，忠心耿耿，竟不得善终，这是"小人当道，君子蒙尘"。汪应辰表达了对赵鼎的追思之情，说："自您谪迁南方荒凉遥远的地方，遂为生死之别。想及跟随您多年，我怎么可能做得出像路人一样无动于衷呢？"汪应辰引典故"昔任昉无渍酒之彦，而刘峻广绝交之书"，即任昉死后无人祭奠，刘峻愤而撰写《广绝交论》，抨击世态炎凉之风。不仅这样，汪应辰还派三名士兵护送灵柩上路。

秦桧得知此事，大怒，密令心腹衢州知州章杰，待赵鼎灵柩到衢州后，即拘捕审讯，搜查汪应辰的祭文。好在祭文已经烧掉了，没留下把柄。秦桧想借机把汪应辰坐实为赵鼎死党，一网打尽，阴谋没能得逞。

但等待汪应辰的是，将被派往远在岭南的广西静江府（今广西桂林）继续任通判。

劝勉喻仲远

南宋绍兴十九年（公元 1149 年）五月，汪应辰为妻兄、时任吉水县（今属江西吉安）县丞的喻仲远撰写《吉水县丞厅记》。

当时县一级设四位官员，即县令（知县）、县丞、主簿和县尉。县丞，作为县令（知县）的副手。

宋代衙门豪华奢侈的不多，简朴简陋乃至危房不少。对地方衙门，朝廷规定"无得擅修廨舍"，因为没经费预算。吉水县丞厅毁于火，租借民舍已经十八年。喻仲远到任后，在县城东南找了一处地势高而干爽的地方，从破旧官屋就地取材，精打细算，既不敢役使民力，又不敢以次充好，生怕留下后患，故历经一年零四个月，才建成一新县丞厅。

汪应辰劝勉喻仲远勤政为民，鞠躬尽瘁。他说："一县之事，县丞无所不当问者。不要像唐代崔斯立那样发出感慨，感到县丞之职难以作为；不要有所顾忌而不直言，也不要妨害正常的规定。这样，居于县丞厅，才能无愧于屋漏！"屋漏，古代室内西北角安放小帐的地方；无愧于屋漏，指虽在宗庙里，但无愧畏之心，后比喻即使在暗中也不做坏事，不起坏念头。

这篇《吉水县丞厅记》由汪应辰的哥哥、时任吉州（今江西吉安）左司理参军的汪涓以古篆书写，后刻成碑。

南宋嘉定十三年（公元 1220 年），一个叫黄闳定的桐庐（今属浙江）人做了三年吉水县丞，官声很好。因原碑古篆字体难认，黄闳定就让人多次辨认、考证，在其背面用楷书阴刻《吉水县丞厅记》全文。黄闳定说："从此如果对原碑字有疑问，读一读重刻之碑就明白了。"

南宋淳祐二年（公元 1242 年）春，一个叫张辐的云南玉溪人也做了三年吉水县丞，他在原碑额两侧用楷书阴刻了一段话："读大魁乡先生伯仲之记之字，洗其尘埃，植之檐庑，暇日摩抄，高山仰止。"由此看，当时汪应辰家乡小叶村汪坞所在的乡，因为出了状元，而改称玉山县大魁乡。张辐仰慕汪氏兄弟的高尚品德，将碑石洗净立在廊屋里，经常研读，临摹抄写，深受教育。

2013 年夏，《吉水县丞厅记》原碑意外地被发现存于吉水县博物馆。

桂林救走卒

汪应辰在桂林任静江府通判期间，救了一名走卒的命。

走卒，指供官府使唤奔走的隶卒、差役。

有一次，静江府知府吕愿中派一个名叫王超的走卒去一趟京城临安（今浙江杭州），约定了事毕某一天返回。结果，王超逾期三天才回到桂林。吕愿中大怒，下令斩王超，一府上下没有人敢吭声。

汪应辰认为不可，他去见吕愿中，说："王超罪不至死，如果处以极刑，下次再派人办事，万一耽误了时间，只有逃命他乡不还。倘若有急切的奏请要报朝廷，那就会误大事了。"吕愿中听后觉得在理，忧心地说："我话都说出去了，怎么改口呢？明天我称病，由你代为处理吧。"

第二天，汪应辰改处王超以杖刑。杖刑，一般是"去衣受杖"，即脱掉衣裤，直接用毛竹、木板打臀部。

静江府有一个姓周的录事参军，论职级不过是文书一类的小官员，但倚仗自己与权相秦桧是同学，放荡不羁，目中无人。此人曾于先帝忌日，安排歌妓陪酒。汪应辰厌恶此人，准备调查处理这件事，但中途被迫停止了。姓周的怀恨在心，找了一个狱典去给秦桧送信。

王超听说了这件事，心生疑虑："姓周的给秦相送信，肯定和我的恩公有关。"王超就去狱典家探口风。狱典忧愁地说："我平生未尝出过远门，何况是去京城。况且这个差事，不像州兵，可以预借盘缠，路途这么遥远，一路上衣食所需都没有着落。"王超说："我想办法帮你筹到一万缗盘缠，不过你要稍等时日。"

王超便去找以前的主人阳朔知县吕令问，借到了钱，送至狱典家。狱典很高兴，买了酒来与王超共饮，还把姓周的信拿了出来。狱典喝醉了，王超赶紧就火熔化信封上的封蜡，取出信笺一看，果然是诬告汪应辰的。王超重新把信封好，狱典没有察觉。

过了两天，王超又到狱典家，说："我突然接到命令要去京城，而且马上就得出发，你如果忧虑这趟差事，干脆把信和盘缠给我，我代你去送。但你要藏好身，不要抛头露面。"狱典大喜，依王超的话做。

三个月后，王超把秦府的回帖交给狱典。这时，汪应辰已经离任，返回家乡玉山。

第二年，王超寻访至玉山，把姓周的信拿给汪应辰，那信上写着："汪应辰常遣信过海，并给赵鼎、李光送钱送物。"李光，南宋四大名臣之一，官至副宰相，因与秦桧不和，遭陷害。当时赵鼎已不在世，李光贬谪在昌化军（今海南儋州）。

秦桧正大兴诬告之风，抓了很多人，假使这封信送达，汪应辰必定难逃一劫。

汪应辰救走卒一命，反过来也救了自己一命。

◎相传汪应辰在此读过书的玉山天梁景区"状元洞"（廖端胜 摄）

◎三清湖畔（林承鹏　摄）

在玉山讲学

南宋绍兴二十四年（公元 1154 年）春，已在通判广西静江府任上逾期近一年的汪应辰，以奉送公牒、归侍母亲为借口终于得以离开桂林。

汪应辰急着离开，与直接上司吕愿中有关，此人一心谄附秦桧，想往上爬。桂林有驿名秦城，吕愿中曾率宾僚共赋《秦城王气诗》，秦桧很高兴。吕愿中后又诬告李光与胡铨（南宋四大名臣之一）诗赋唱和，讥谤朝政。

这一年十月，朝廷才免去汪应辰静江府通判；十二月复差其通判广州府，汪应辰未赴任。一直到第二年，南宋绍兴二十五年（公元 1155 年）年底，这期间，汪应辰在玉山讲学。

之所以讲学，最重要的原因是亲老怀归，为稻粱谋，也就是要照顾母亲，养家糊口。汪应辰在给吕愿中的信中说："寒乡晚出，薄宦远游。数口无饥，姑全生于升斗；一日必葺，惟竭力于簿书。"
又说，"使沿公牒之行，实遂安舆之奉。"

其次，汪应辰认为，为学就如母鸡孵子，要坚持不懈，不能半途而废。他后来曾在与哥哥汪涓的信中，就如何教子问题说："诸子失学，此非细事，今此正是著力之时。若半上落下，虚度光阴，他日悔之无及也。僧家比之，如抱鸡子，须暖不断，方有啐啄，同时之气应。若暖气不续，虽穷年无益也。"

讲学的地点，一处是在玉山县城。诗作《太甲山》的"伊尹乐耕南亩日，想应高隐碧嵯峨"，当是写于此间。太甲山在玉山县城北，东起三清湖（"七一水库"），西至横街峡口，因"伊尹放太甲"得名。伊尹聪明颖慧，勤学上进，耕作于有莘国，后拜相，积极整顿吏治，洞察民心国情，推动经济繁荣、政治清明。在汪应辰内心深处，仍然渴望能建功立业，成为像伊尹那样的人物。

另一处是怀玉山。怀玉山，又名辉山、玉斗山，坐落于玉山县西北六十公里处，与三清山对峙相望，因"天帝赐玉，山神藏焉"而得名。汪应辰写有《怀玉山》《题法海院龙溪亭》《归云堂》《次汉英教授示和尹少稷韵》等诗作，既表达了读书、求学的紧迫感和自责、自谦："禅月满堂诗句在，恨无砖玉可相抛"；又有空受才名、颠沛流离的沉重感慨："五车挂腹成何事，空受才名二十年。一壑生涯长龃龉，迩来行李已三迁"；还有抱负不得实现、归隐田园的无奈："浮云本无心，人心逐云去""渊明心远自无尘，岂必山涯与水滨。云气日佳飞鸟乐，寥寥此意付何人"。

汪应辰在玉山的讲学，对玉山后学的影响很大。元代至正十年（公元1350年），在其讲学旧址建"汪文定公书院"，后改称"端明书院"。明代嘉靖三年（公元1524年），玉山知县周昆在端明书院前建"状元坊"。

古代为表彰功勋、科第以及忠孝节义所立的建筑物，一般情况下有四种等级，由高到低依次分别为：御制、恩荣、圣旨、敕建。敕建，指皇帝口批恩准即为敕建，如有大臣要为某人某事口头请示建牌坊时，皇帝点头或口头同意了，那么所建的牌坊即镌题"敕建"或"敕令"；圣旨，即皇帝以书面圣旨批准建的牌坊，镌题"圣旨"或"圣书"；恩荣，皇帝对有功臣民或显著事迹主动提出建立牌坊嘉奖的则为恩荣；最高级别的为"御制"。前三种的牌坊均为自筹经费，或地方官府略有补贴，社会绅士赞助，而皇帝主动提建的"御制"牌坊是朝廷全额拨款。玉山"状元坊"属于哪一类，不得而知。

清代乾隆十二年（公元1747年），怀玉山上的怀玉书院建"崇贤祠"，祀奉有汪应辰、汪逵父子。后怀玉书院毁，仅存残额一块、"泮池"题刻一块、"一勺泉"残碑一方。

2020年6月，怀玉书院重建落成，建有泮池、润芳堂、报德祠、崇贤祠、崇圣祠、由义斋、居仁斋、一勺泉、忠信双舍、藏书楼、朱子庙等景观。

逃过秦桧最后一害

南宋绍兴二十五年（公元 1155 年）八月，"半死梧桐老病身"的秦桧变本加厉地剪除异己，残害忠良。

秦桧生平最恼火的两个人，一个赵鼎，一个张浚。赵鼎既死，张浚不除不快。

张浚是南宋名相、抗金名将，他曾向朝廷提出经营川陕（宋代川陕四路，地域广阔，从今天的行政区划来看，这一地区分属于陕西省南部、四川省中东部、重庆市、贵州省中北部）的建议，出任川陕宣抚处置使。在川陕三年，训练新兵，任用良将，使得江淮赖以安宁。

江西运判张常先为了讨好秦桧，助纣为虐，借诗做文章，诬告张浚有犯上作乱的谋反嫌疑。秦桧以此授意将五十三人列入批捕名单，想将他们一网打尽，其中就包括汪应辰。因为汪应辰与张浚是故友，他当年考取状元时，张浚是右丞相。汪应辰很敬仰一生以"恢复中原，雪祖宗之耻"为己任的张浚，而张浚对汪应辰多有关心，寄予厚望。

当时汪应辰在老家玉山，复差通判广州府而未赴任；张浚奉祠提举宫观，贬居湖南永州。老天有眼，等讼词呈上时，秦桧已病重得不能握笔签字了。十月二十一日，宋高宗去秦桧家探视病情，秦桧无一语，只流泪而已。二十二日晚，秦桧病逝，汪应辰得以逃过秦桧的最后一害。

张浚后来写信给汪应辰，说："侥幸脱死，识人不察。"这个"识人不察"指的是张常先，此人本是北宋名将张叔夜的儿子，凶狠而刚愎自用，后因诬陷张浚诗事被削职为民，下场凄惨。

母亲老了，我等不及了

秦桧死后不久，离开京城十七年之久的汪应辰得以回朝。

南宋绍兴二十六年（公元 1156 年）正月，汪应辰任吏部郎中。七月末，升右司郎中。

当时朝廷上以新进左相沈该为首的秦桧党徒仍把持着要位，许多官员因与沈该政见不合，矛盾愈深，纷纷离职。汪应辰也以母老为由，极力请求补外。沈该说："进用在即，等有了结果再定去留不迟。"汪应辰坚决地说："母亲老了，我等不及了。"

为什么秦桧既死，沈该之流还能把持要位呢？因为宋高宗才是真正的主和派头子。南宋绍兴二十六年（公元 1156 年）三月，宋高宗下诏，说自己只想偃兵息民，讲信修睦；故相秦桧只是赞成我的心意，不能因他的生死而改变成议，希望臣民们都能体念我的本意，而不妄议边事，否则将处以重典。宋高宗此举目的在于压制抗战派，以讨金人欢心，继续推行投降路线，偏安江南。

这一年的闰十月，汪应辰出知婺州（今浙江金华）。

在赴婺州之前，汪应辰了却了一桩心愿：请得从兄同意，报朝廷批准，解除了他们之间的过继关系，与七十七岁高龄的母亲鲁夫人正了母子之名。

汪应辰在桂林及玉山期间，出于安全考虑（秦桧一伙的加害），加上生活的不便，他的母亲一直随哥哥汪涓生活，而妻儿则寄养在岳父喻樗家。汪应辰写信给张九成，说："老母此前随家兄在黄州（今属湖北黄冈市），一别七年。我虽有赡养尽孝之心，跟谁去说呢？如今我回到朝廷，不抓紧去奏请正名，更待何时？"

是啊，一晃过继快三十年了，从兄既生子，又抱孙，多次得到了朝廷的封赠。而鲁夫人却从未有过封赠，汪应辰的内心非常不安，他的许多好友都劝他要早点正名。

为了能让从兄答应这件事，汪应辰是付出了代价的，他承诺将来有奏荐的机会（即以荫补官），一定以从兄之子为先（后来果然是先奏从兄之子）。除了奏荐，另一条件是将汪应辰家祖上微薄的田产、家业全部让给从兄。两家终于签订了协议，所以汪应辰曾说："曲尽人情。"

正名后一年，鲁夫人去世。

南宋著名理学家胡宏说："从礼义来讲，是不能过继给从兄为后的。一旦过继了，以常人之情，有养育之恩，终身不能反悔。但君子能衡量轻重，断之礼义，归于正名。母子间的天性得到保持，没有欠缺，即使正名只有一日，也不留下遗憾。"对汪应辰而言，从兄倒无养育之恩。

罪疑惟轻，分厅治事

　　汪应辰在右司郎中位置上时间很短，却很有影响，这与他提出两条司法进言并得到皇帝宋高宗采纳有关。

　　一条是"罪疑惟轻"，即疑罪从轻，罪行轻重有可疑之处，应从轻判处。"罪疑惟轻"这句话不是汪应辰的首创，它出自《尚书·大禹谟》："罪疑惟轻，功疑惟重。"尽管与我们今天的法律准则"疑罪从无"相比，还是有一定差距。但在南宋时期，能够坚持疑罪从轻已经是了不起的进步。

　　另一条是"分厅治事"。

　　北宋时，治狱（指审理案件）有开封府、御史台，又置纠察刑狱司；断狱（指判决案件）则有大理寺、刑部，又置审刑院，相互监督。北宋元丰年间（公元 1080—1082 年），朝廷对职官制度进行重大改革。大理寺兼治狱事，但置少卿两员，一个负责治狱，一个负责断刑（狱）。改革后，朝廷的行政效率并没有提高，甚至造成了行政效率的降低，但是裁撤了部分冗员以及冗散机构，减少了财政开支。

南宋初年，由于国力的衰减、偏安的政局以及战争的频繁，为节省国用，朝廷对中央机构又作了较大的裁并，如将中书、门下二省合并为中书门下省，不别置三省长官，由宰执领三省事；存留寺监不及原来之半；六部的司级机构也大加省并，吏部减少一司，刑、礼、兵、工部减为二司；存留的省、部、寺、监的规模也大大缩小，人员大量裁减，有的不及北宋之半。

汪应辰赞成朝廷裁并机构、裁减人员，但他觉得南宋官府精简的结果与两大法司设官颇成问题：大理寺仍兼治狱事，但仅置少卿一员，"治狱断刑，皆出于一"，原初互相"平反"之职无人履行；刑部郎中、员外郎合起来不过两三人，职掌没分别，原有的分厅治事，一主详覆、一主叙雪的格局不再，互相"追改"错误的机制也无法运行。有鉴于此，汪应辰提出"分厅治事"。

汪应辰认为，刑部、大理寺两大法司即使恢复不到北宋太宗、真宗时的法度，至少要恢复到神宗元丰制度上。刑部郎官应分左右厅，各掌详核、叙雪之事，使得"官各有守，人各有见"，发挥两个积极性；更主要的是使得分职后的机构之间互相"参而伍之，反复详尽"，即申诉、复核独立，通过互相错杂、互相监督，一次再次的审慎机制，使案件得以详细审理，有冤屈罪名得以昭雪、平反。

宋高宗说："卿所虑甚高远，人所莫及。"

弊去人不知

　　南宋绍兴二十六年（公元1156年）闰十月，汪应辰出任婺州（今浙江金华）知州兼知军事，即掌管当地军政。这是汪应辰首次在地方上独当一面。

　　宋代官制，承袭唐、五代制度，并从制止割据、集权中央的目的出发，作了重要改革。唐代地方分州（府）、县两级，另设“道”为监察区域。宋朝改为路、州（府、军、监）、县三级，州一级是关键；但对州一级严密控制，权力集中在中央。

　　当时婺州情况很不好，官吏的俸禄已经停发了三个月，积欠朝廷赋税十三万缗。缗，指古代穿铜钱用的绳子，一缗一般为一千文。在汪应辰赴任之前，不到一年知州换了四任三人，前三任都几乎只干了一两个月时间。

　　汪应辰刚到任，碰上朝廷派出的官员到婺州调查处理积欠赋税的事。汪应辰说："不要操之过急，否则就会伤害到老百姓。"他火速奏请朝廷同意，一是免除老百姓的旧欠；二是叫停地方滥征的赋税；三是加强管理，定期统计，堵塞赋税漏洞。

为了不扰民，汪应辰定下规矩：州府不准派人下县，县衙不准派人下乡。没过多久，应收的赋税陆续收了上来，不仅交清了积欠朝廷的赋税，还补发了官吏的俸禄。老百姓没有因此而更加穷困，朝廷也不需要再调查处理了。

十个月后，南宋绍兴二十七年（公元 1157 年）八月，因母亲鲁夫人去世，汪应辰离任婺州，为母亲守孝。有见识的人称赞说："明归于恕，弊去而人不知。"因为汪应辰的宽容和仁政，使婺州的老百姓懂得事理，以至于婺州的积弊在不知不觉中就祛除了。

◎2018年12月28日，玉山县紫湖镇枫叶村隆重举行汪应辰诞辰900周年纪念活动

（尤觉人 摄）

◎2018年12月28日，玉山县紫湖镇枫叶村汪坞为汪应辰立碑（尤觉人　摄）

在金华讲学

　　赴任婺州（今浙江金华）前，汪应辰与金华"东莱吕氏"多有交集。

　　金华"东莱吕氏"，祖上吕蒙正、吕夷简、吕公弼、吕公著皆曾入北宋朝为宰相，子孙一代一代连续不断地在朝为官，在宋以前和以后的历朝中不多见。

　　汪应辰的老师吕本中、学生吕祖谦就出自"东莱吕氏"。汪应辰曾说："惟吕氏之学，远有端绪，粹然一出于正，为世师表者相继也。"十多年前，汪应辰曾应吕大伦之请写下《豹隐堂记》；与吕大同书信往来甚多，议论时事，探讨读书治学。去桂林途中，汪应辰还与吕大器分韵赋诗。

　　正是有此渊源，汪应辰曾在金华讲过学。讲学的地点在吕祖谦曾祖父东莱郡侯吕好问于南宋建炎年间（公元1127年5月—1130年）

宋室南迁时携全家自开封迁居金华时所借之官屋，因屋前临二湖，故取堂名"丽泽"，人称"丽泽书堂"。后吕祖谦将此屋归还官府，另置新居于城之北隅，而讲学会友之所丽泽堂也随之北移，成为著名的"丽泽书院"——南宋四大书院之一。

南宋乾道七年（公元 1171 年）正月二十八日，吕祖谦在参加老师汪应辰得请奉祠送别宴时有诗："公归宁久阔，别意不成惨。金华访旧学，和羹待醯醢。"

后来，汪应辰去世，朝廷在议其谥号时也讲到了他"出镇之奏牍，入朝之论疏，玉堂之诏命，金华之讲说"。

举陆九龄为学录

南宋绍兴三十年（公元 1160 年），丁完母忧的汪应辰出任秘书少监兼权国子司业。

当时江西金溪人陆九龄进入最高学府太学。宋初仅设国子监，学生名额甚少，且只收七品以上官员子弟，后在临安府（今浙江杭州）重建太学，规模骤增，至宋末学生达一千七百多人。太学隶国子监，国子司业掌国子监及各学的教法、政令。

陆九龄家学渊博，翻看百家书籍，日日夜夜不知疲倦，对阴阳、星历、五行、卜筮这些学说都很熟悉，而且生性考虑问题周密严谨，对学问不肯苟且简单涉猎。汪应辰对陆九龄很是欣赏，于是荐举陆九龄为学录。国子监置学正与学录，掌执行学规，考校训导；又置职事学录与学正、学录通掌学规。

巧合的是，南宋乾道五年（公元 1169 年），陆九龄考中进士，那一年的主考官正是时任吏部尚书的汪应辰。

陆九龄赴兴国军（治所在今湖北阳新县）教授，逢湖南茶民起义，他即主持乡郡"义社"，率门生及乡人习武，防御起义军入境。在兴国军，他整肃学规，劝士兴学，学风大振。后来，他和弟弟陆九渊参加了中国思想史上著名的"鹅湖之会"。

恤民力，通下情

南宋绍兴三十一年（公元 1161 年）四月，汪应辰任权吏部侍郎。

汪应辰上书宋高宗，直陈当时朝廷和社会面临的种种问题，他说就像一个人生了病，"欲止其疾痛，则莫若恤民力；欲解其郁塞，则莫若通下情"。治国犹如治病，"善医者察脉观色，知其所从来，治其内而外症去矣"。

体恤民力，体察民情，这是汪应辰一贯的思想。当年他在参加殿试时这么写，后来无论身在袁州（今江西宜春）、桂林、婺州（今浙江金华）等地做官时也一直躬身践行。

汪应辰提出，"恤民力"就是要大大减轻老百姓的赋税。汪应辰说："民是国之本，财是民之命。当今赋税名色之多，前所未有；赋敛之重，无以复加；欺上瞒下，巧取豪夺，老百姓快活不下去了。所以，一是要重新建立《绍兴会计录》，使天下财赋之出入皆可得而究见；二是必须痛下决心，可以取消的取消，可以减轻的减轻。"他还说："安不忘危，治不忘乱。今天以军备为名摊派费用，实际上又没有战事，而老百姓已经如此贫困；有朝一日真的要兴师十万，日费千金，军饷从哪里来呢？"

汪应辰认为，"通下情"就是要广开言路，言者无罪。自秦桧专权以来，阻塞言路，欲钳制天下人之口，弄得人人自危，道路以目，风气极坏。汪应辰说："词色之间稍涉疑似，进退之际或被顾盼，辄皆有不测之祸。长告讦之俗而亲戚为仇，起罗织之狱而道路以目。"汪应辰希望宋高宗重用忠诚正直的官员，排斥疏远奉承献媚之辈，使天下知道好坏善恶所在。只有这样，才能真正了解民间疾苦、官场真伪、朝政得失。

必保两淮，必据上流

汪应辰任权吏部侍郎时，向宋高宗提出："大抵国于江左，必保两淮，必据上流。"

江左也称江东，指长江下游南岸地区；两淮，指淮河南北；上流，指湖北荆州、襄阳和川陕地区。汪应辰这个建议是很有战略眼光的：控制两淮对于南宋国家安全来讲固然重要，但控制长江中上游地区也是至关重要。

汪应辰认为，占据上流之地，则居高临下，不可阻遏。但当时的状况令人忧虑，一是朝廷上下思想麻痹，以为有宋金和约，高枕无忧，边境兵备松弛，"城郭不修，器械不备，堠障不立，烽燧不设"；二是襄阳一带守兵不足，守将不和，上气不振；三是没有对"上流之重"达成共识，"岂其知两淮之重，而不知上流之为尤重乎？"

汪应辰希望宋高宗保持清醒头脑，意识到"上流之重"。汪应辰说："万一上流之地被敌人占据，恐怕要有灭顶之灾。"他建议宋高宗密诏诸将，广开言路，上下同心，加强边备，"使将足以用其兵，兵足以为将之用。"将如不是这种人才，兵虽多也不足以依靠；驾驭军队的将帅失去了他的权威，虽然有才干也不能用。

汪应辰还特别指出，民心归向关乎王业成败，并以楚汉相争为证。由于民心归汉，老百姓支持刘邦，致使项羽败亡。如今沦陷于金军的中原人民，心向赵宋，对金人的残暴压迫，决不屈服，盼望宋朝恢复故土，而朝廷却因与金签订屈辱的和约，不惜将千辛万苦归来的中原人民遣送金人铁蹄之下，未免过于不得人心。得民心者得天下，对边境上的流民，只要是"怀恋有宋，归戴陛下"的，一定要"厚加抚恤，使至者有归、居者有养"。从一定程度上说，这也是"必据上流"的重要因素。

敌情当为备，海道未可进

南宋绍兴三十一年（公元1161年），金人誓言"屯兵百万西湖上，立马吴山第一峰"，大举南侵。十月，走投无路的宋高宗下诏历数金人败盟兴兵、贪残暴虐等罪恶，号召臣民同心协力，捐躯报国，以"共雪侵凌之耻，各肩恢复之图"，定亲征之议。

十一月初，宋高宗派汪应辰去浙东措置海防。在此之前，汪应辰曾提出过："敌情当为备，海道未可进。"意思是既要防备敌人，又不可在海上与敌作战。

汪应辰到了浙东明州（今浙江宁波）一带，深入实地考察后，进一步提出两条措施。一是"舟师在海，备之于陆"。由于敌人来犯是选好季节，顺风而行，我水军溯风迎击难度太大；即使扼其后而袭之，敌我均是顺风，然敌先我后，敌往我随，胜负难测。汪应辰说："敌人之来，非大舟不可以浮海，非乘潮不可以入港，非小舟不可登岸"，故应选练步兵，分列港岸，强弓劲弩，拳石火炮，使其进不能前，退则我水军坐而毙之。二是"水陆之技，各尽其长"。我水军中有许多士兵选于诸寨土军、本州禁军、诸州弓弩手，并不适应海上生活，一登上船，眩晕，呕吐，根本打不了仗。况且战船大小自有分量，人数过多，反而是负担。汪应辰认为，可从水军中通选一千五百人，取其可用于陆者以为步兵。

正因当时南宋水军在海上处于劣势，所以汪应辰认为应该扬长避短，不可盲目从海上迎击敌人，而是应该发挥陆上优势，以逸待劳，陆海结合，掌握时机消灭敌人，所谓"能据其便利，扼其要害，则用力甚省而功倍之"。这两条措施充分显示出了汪应辰在军事方面有自己独到的思考。

就在汪应辰去浙东措置海防的这个月，金兵大败采石矶（今安徽马鞍山市西南）。此战既阻止了金军渡江，且造成金军内讧。初登位的金主无力用兵，故派出使臣首先提出和议，南宋得以转危为安。

御戒以自治为上策

南宋绍兴三十一年（公元 1161 年）八月，权吏部侍郎汪应辰上书《论御戒以自治为上策》。

汪应辰受岳父喻樗、前左相赵鼎的影响，向来推崇唐代杜牧的"自治"理念。杜牧有言，"上策莫如自治，下策莫如浪战"。但这个"自治"，不是今天所指的行政上相对独立，有权自己处理自己的事务，而是指自强，自己努力图强。

当年在参加殿试时，汪应辰就表达了自己的自治主张，希望朝廷定大计、去宿弊、振纪纲、归民心。二十多年以来，言和者忘不共戴天之仇，固非久安之道；言战者复为无顾忌大言，又无必胜之策。

汪应辰指出，天下之事，变化百出，不可以胜穷。朝野围绕主战、主守、主和，争论不休，大计不定，"然此三者皆末也，要当以自治为本"。在汪应辰看来，对金国人，不是盲目、简单地主"战"，不是被动、无为地固"守",也不是苟且偷生、苟延残喘地求"和",而是安不忘危,治不忘乱,一边加强边备,常若寇至,一边埋头做好自己的事,勤修军政,强兵富国,内修政理而外观时变。只有这样,战则胜,守则固,和则久,国家才能长治久安。

南宋绍兴三十二年(公元1162年)五月,改任权户部侍郎的汪应辰在《应诏陈言兵食事宜》中又进一步强调,足食、足兵是自治之要。汪应辰说了一段著名的话:"然则敌人虽盛,未足为中国患也;敌人虽衰,未必为中国福也。"不要总询问敌人是盛是衰,关键要看看自治的情况怎么样。

◎玉山紫湖汪应辰雕像（廖端胜　摄）

◎玉山紫湖土城村口文化墙（林承鹏　摄）

榜

信江源头
状元故里

不在乎取之多，而在乎用之有节

南宋绍兴三十二年（公元 1162 年）五月，权户部侍郎汪应辰上书朝廷，提出在大大减轻老百姓税赋的基础上，还要精打细算，节省开支。汪应辰说："不在乎取之多，而在乎用之有节也。"

汪应辰指出，唐代杂捐杂税全部取消，而时下名色猥众，令人眼花缭乱，有"经制""总制""无额上供""折帛""州郡宽剩""僧道免丁""寺观宽剩""大军月桩""瞻军酒息""籴本"，加起来比唐代高了不止十倍。以盐利为例，唐初全国一年才四十万缗，而时下仅淮浙地区一年就收了一千三百四十万缗。从老百姓手中取了这么多，可是却仓廪不实，国库空虚。

为此，汪应辰建议：一是浮冗之费，一切减省；二是加强监督检查，确保军旅等费用专款专用，杜绝浪费、伪冒；三是确需增加支出的，让大家来商量，权衡利弊，决定可否。如御前当值的禁卫军转升职位才三天，增给的食钱就达一万多缗；工匠洗涤器皿仅给十万多缗，而中书省办事吏员的食钱就有六十多万缗；雕塑先帝神像，半年的时间还未完成一半，而食钱已支付了三万缗、银绢六百匹两。汪应辰甚至直指权贵之家，奢侈浪费，与民争利，"第宅池馆，穷极华美；田园邸舍，连亘阡陌"。

这样看来，汪应辰不仅始终以民为本，坚持"恤民力"，他还懂得"理国用"，即理财之道。南宋绍兴三十二年（公元 1162 年）六月，宋孝宗初即大位，汪应辰即上书提出称州郡匮乏、百姓凋敝，"今日之国用不可以不理也"。

不在乎兵之不足，而在乎军政之不修

汪应辰在上书中还指出："不在乎兵之不足，而在乎军政之不修也。"他所担心的，不在于兵力不足，而在于军政没有整顿好。

自宋金讲和以来，宋军许多将领坐拥重兵，无尺寸之功，却高爵厚禄，极其富贵，安享优佚，养成骄惰，再无激昂奋励之志；兵籍虽多，没有训练演习，"或拘之以为工匠，或驱之以为商贾，或抑之以为仆厕之役"，早已丧失了战斗力。敌人未到就望风而逃，敌人已经退了就假报战功，不仅逃脱了惩罚，而且有的人还得到赏赐。在政局稳定时，诏令就有所不行，一旦危急，谁能听从命令为国家赴难。

汪应辰希望宋高宗英明果断，赏善惩恶，使人人洗心革面，内怀忧患意识，听从上级命令，然后号令必定畅通无阻。

怎么样做到修军政呢？汪应辰认为，首先是将得其人。胜败在将不在兵,作为将领要不惜死,一旦有急,能唯命是听以徇国家之难。其次,兵多而冗,不若少而精。特别是在财用不足、民力凋敝的情况下,还要扩军募兵,简直就像抱薪救火,即用错误的方法去消除灾祸,结果使灾祸反而扩大。第三,朝廷大军与州县之兵互为补充。朝廷大军外御敌人,州县之兵内防盗贼,而"今民之在田里者,则拘之于县;县之巡捕者,则执役于州;州之守卫者,则分隶于诸军",这样做很危险。

一朝大典礼，多应辰所定

在汪应辰任权吏部侍郎、户部侍郎期间，虽然不是吏部、户部的最高长官，但因为他的学识高，朝廷许多大典礼仪，多是由他所拟定。

宋高宗当初在一路南逃过程中，丧失了生育能力，唯一的儿子赵旉又因宫女疏忽，受惊吓而死，年仅三岁。为了维持赵宋皇统不绝，宋高宗选中了宋太祖赵匡胤七世孙赵玮为养子。

采石矶（今安徽马鞍山市西南）之战后，由于形势对宋十分有利，主和的宋高宗既不敢抗金，又难于继续推行投降政策，进退两难之余，遂决定把国家重担交给养子赵玮。

南宋绍兴三十二年（公元 1162 年）五月，时任建王的赵玮被立为皇太子，起初拟改名赵晔。汪应辰以为其名与唐昭宗李晔同名，于是商左相陈康伯，上奏请求改名为赵昚。

同年六月十一日，宋高宗宣告退位，由皇太子赵昚继承皇帝位，即宋孝宗。宋孝宗拟于传位日降赦，汪应辰说："唐太宗受禅于高祖，明年正月始改元。"意即待改元再降赦，宋孝宗乃从其说。接着，宋孝宗又议改元年号。宋孝宗拟改元"重熙"，汪应辰认为契丹（指辽国）曾以此纪年，遂改"隆兴"。

朝廷召集大臣议论太上皇宋高宗的尊号，有人私下议论以"光尧寿圣"为号。等到廷议时，有人说："定尊号始于唐代开元年间，罢于宋元丰年间，今天不应当恢复，况且太上皇视天下如抛弃的破鞋子，难道还会看重这个？"汪应辰主张这种看法尤其坚决。有人又说："皇上尊奉父亲，怎么能引用元丰的例子加以比较呢？"于是议状上写了一半，空了一半。第二天，汪应辰等十二人各陈己见，大概内容是"光尧"接近"神尧"，用"尧"怎可用"光"，"寿圣"是宋英宗的诞辰节名称，曾用以命名寺观。这些话传到宋高宗耳里，宋高宗说了一句："汪应辰一向不喜欢我。"于是宋孝宗下令："尊号的议论，已曾奏明，不容再浪费时间。"

因为议尊号的事，太上皇宋高宗不高兴了，汪应辰几次请求补为朝外官。

吏民以为神，相戒不敢犯

南宋绍兴三十二年（公元 1162 年）七月，汪应辰调任福建安抚使兼福州知州。安抚使主持一路兵政，故称闽帅，诗人范成大有一首诗《送汪圣锡侍郎帅福唐》（福州古称福唐）。

南宋路一级设安抚使司（有的路前加"经略"二字）、转运使司、提点刑狱司和提举常平使司，分别被简称为帅司、漕司、宪司和仓司。后面这三司，都具有监察职能，故一般称为"三监司"，指的是他们都是中央最高统治者的耳目，对地方进行一定的监督，有事即向皇帝报告。

福州有许多官员久闻汪应辰大名，听说他"天资强敏，记问绝人"，都想试探一下，眼见为实。不久，汪应辰去拜谒孔庙，看见一个老妇人拿着一份状纸站在路旁。他吩咐随从接过状纸，一看，写得很长很乱，不知所云。汪应辰就委婉地告诉老妇人说："这个事不可行。"老妇人大声道："请大人再仔细看看。"汪应辰笑笑说："老人家以为我没看清楚吗？"汪应辰遂令停下车马，将状纸递还给老妇人，然后他一字不差地把状纸内容复述了一遍。

这下子，"吏民以为神，相戒不敢犯"。无论官员还是老百姓，都捧汪应辰为神，轻易不敢冒犯他，更不敢在他面前再耍小聪明了。

劝阻张浚北伐

北伐，指南宋对金作战，收复失地。

宋孝宗登基不久，雄心勃勃。南宋绍兴三十二年（公元1162年）七月，朝廷下诏追复蒙冤被害的抗金名将岳飞原官，以礼改葬；同时令访求岳飞后裔，特别加以录用。

将赴任福州前夕，汪应辰接连给重新受到朝廷重用的抗金名将张浚写信，希望张浚暂缓北伐，"量力相时，见可而动"。

汪应辰指出，眼下国用空虚，百姓穷困，将帅无功而骄，士兵未战而敝，切不可大意用兵。况且就个人能力而言，汪应辰认为张浚志大才疏，难以担此大任。早在两年前，汪应辰曾上书宋高宗说："今天下所望，以为忠义纯正而可以任今日之事者，张浚是也，而臣窃有疑焉。"在汪应辰心里，他和张浚之间感情归感情，国家大事归国家大事。

　　南宋隆兴元年（公元 1163 年）正月，张浚升为枢密使，都督江淮东西路军马。枢密使，枢密院长官，掌管军事。汪应辰又给张浚写信，指出在准备不足的情况下，勿盲目求战，仓促上阵。汪应辰举东晋北伐之例：著名的淝水之战后两个月，东晋就北伐；淝水之战后十一个月，东晋收复兖、青、司、豫四州（今分属山东、河南、河北），把边界线推到了黄河南岸。然而这种规模的出兵，需要花费巨大的人力物力，东晋难以支撑。结果有什么好处呢？不到四十年，东晋亡。汪应辰说："有一言可以兴拜，曰上策莫如'自治'。"

　　南宋隆兴元年（公元 1163 年）四月初，因金入重兵压境，向宋索取今属江苏、河南、陕西六州及岁币，朝廷下拨军费白金二十五万两，决定出师渡淮，先发制人。汪应辰仍致信张浚，给张浚浇冷水，劝张浚静观大势、知己知彼、知难而退。汪应辰认为，"更革宿弊，果断力行，积累三年，固亦未晚。"

　　汪应辰在福州为大将刘宝送行，时刘宝被张浚识中，行将调任镇江诸军都统制。汪应辰问刘宝："刘大将，出师渡淮，兵力如何？"刘宝说："与敌人战时，第一阵决胜，第二阵未可知，第三阵杀他不去矣。盖此中只有些精锐在前，彼敌不得；他顽不动，第三四阵已困于彼矣。"汪应辰说："刘大将，如此说了，却如何要出师渡淮！"

　　南宋隆兴元年（公元 1163 年）五月七日，宋军出师，史称"隆兴北伐"。起初数日，宋军先后收复安徽灵璧、虹县、宿州等地。二十四日，因发生内讧，前方二将不和，宋军大溃于符离（今安徽省宿州市内）。

　　轰轰烈烈的北伐宣告失败，印证了汪应辰的预见。宋孝宗自此一收锋芒，被迫与金讲和，整个南宋朝廷从骨子里丧失再战之勇与再战之力。

举朱熹自代

朱熹是南宋大诗人、理学家，被后世尊称为朱子。

因朱熹的曾祖母姓汪，与汪应辰为婺源（今属江西）同宗远族，所以朱熹称汪应辰为从表叔。

汪应辰赴任福州途中，经建州（又称建安，今福建建瓯）时，与小自己十二岁的朱熹第一次见面，两人一见如故。

朱熹自泉州同安县主簿任满罢归，差不多有五年时间，挂了个监潭州（长沙古称）南岳庙的虚名，一直请祠家居。汪应辰遂邀朱熹同往福州。恰好福州帅府有一职暂缺，汪应辰便向朝廷请求授予朱熹。他说："朱熹的学问与才识，足以担当大事。"随后，汪应辰又给多位官员写信，荐举朱熹。

南宋隆兴元年（公元 1163 年）七月，朝廷授予汪应辰敷文阁待制。敷文阁待制是一种贴职，即兼职，有相应待遇，每月领取一定数量的贴职钱。汪应辰立即上奏《除敷文阁待制举朱熹自代状》，就是荐举朱熹代替自己。汪应辰说："朱熹志向远大，学识纯正；善于思考，不读死书；不事华藻，身体力行。"其实，朱熹家贫母老、生活困顿，也是汪应辰荐举他的一个原因。

相比起当时的朱熹，汪应辰可谓位高权重，但汪应辰礼贤下士，视朱熹为知己。在后来两人的交往中，无论是仕途上，还是学术上，汪应辰都给予了朱熹很大的帮忙。

宋末元初，一个叫方回的诗人在《正月十九日四更起读朱文公年谱至天大明赋十二首》（其十一）中有一句诗"三奏赏音汪应辰"，说的是汪应辰多次引荐朱熹，对朱熹有知遇之恩。

遭到朱熹批判

随着交往的深入，朱熹发现汪应辰迷恋禅学。

朱熹自己早年也曾参禅学佛，后来思想发生转变，坚定地尊孔崇儒，只读圣贤言语，意见乃与禅佛不殊。

南宋隆兴元年（公元 1163 年）八月，朱熹在信中现身说法，表示自己钻研了一段时间佛老（指佛学、禅学）未能有得，委婉地劝汪应辰放弃禅学，专心从事儒学。

在朱熹看来，儒学可以借佛老来解说，但不等同于儒释同道；佛老中有儒学可汲取的养分，但不能说儒释相成。而汪应辰的观点，更倾向于儒释道"三家为一"。

"隆兴北伐"的失败，让朱熹感到国家之忧不在边境，而在朝廷，其根子是佛老异端之学盛行。于是，年轻气盛、才学满腹的朱熹一改以往的隐晦、含蓄，对佛老进行批判的火药味渐浓。与朱熹最亲近的汪应辰，便成了朱熹首选的靶子。

朱熹多次说道："像宗杲这样的佛徒，气魄很大，所以能鼓动一世，张九成、汪应辰等人都奉以为师。""张九成拜师宗杲，汪应辰被他引去，后来亦好佛。但汪应辰为人不够果决，好佛又见不透，又不能果决而退。"朱熹指责宗杲禅师所喜欢的皆是粗疏之人，而汪应辰、吕本中这类人比较谨慎、诚实，经常遭到奚落，甚至被瞧不起。朱熹说："汪应辰为人淳厚，向他讨禅，被他恣意相薄。"

南宋隆兴二年（公元1164年）六月，朱熹复信汪应辰，将原本的论学辨学上升至"儒释邪正之辨"。朱熹说："释氏之学，千般罪恶，乃乱臣贼子之'三窟'。"朱熹不但对汪应辰，连同对汪应辰的老师张九成等，点名道姓，发起凌厉攻势，批判他们"顾惑于异端之说"。

从南宋隆兴二年（公元1164年）七月至乾道元年（公元1165年）春，随着汪应辰调往四川，"儒释邪正之辨"转变成"苏学邪正之辨"。"苏学"，指的是苏东坡父子之学。

早在北宋崇宁二年（公元1103年），为废除"元祐学术"，朝廷下诏毁除已刊行的"三苏"（洵、轼、辙）、秦（观）、黄（庭坚）等人文集，禁止他们的文章流传，违者严加查处，对检举揭发者厚加奖赏。但禁令愈严，"三苏"等人文集流传愈广，甚至以收藏苏黄等人文集多而夸耀。在上大夫中，如不能背诵苏轼的诗，则很失体面。为此，北宋宣和六年（公元1124年）十月，宋徽宗再次下诏，重申禁、毁苏黄之文。对苏黄文不得收藏学习，违反者以大不恭论罪。

汪应辰认为，苏学"无邪心"，特别是苏东坡文章写得好，值得学习。朱熹却认为苏学以佛老为圣人，所以也是邪说、异端，必须坚决予以批判。朱熹用了十二个字"害天理、乱人心、妨道术、败风教"来评价苏学，他希望汪应辰"秉天理以格人欲，据正道以黜异端"。但他没想到，汪应辰对苏学并不排斥，甚至也推崇。朱熹对汪应辰大失所望，称其"浅陋，辞不别白，指不分明"。

一直到汪应辰晚年，朱熹忧心忡忡的仍是汪应辰身上佛老之学不能尽去。

从一生而言，朱熹的批判对汪应辰影响很大，使得汪应辰逐渐从亦儒亦释的观念转向对儒家思想的坚守，归宗于正统儒家。后世学者对汪应辰的评价是："未尝佞佛，粹然为醇儒。"

◎2018年12月28日，玉山县新华书店新店盛大开业，隆重推介《走近汪应辰》一书（图片由玉山新华书店提供）

◎《走近汪应辰》一书陈列于玉山县博物馆（汪贞海　摄）

◎《走近汪应辰》一书被玉山县图书馆收藏

以忠恕之心，行简易之政

从南宋绍兴三十二年（公元 1162 年）七月到南宋隆兴二年（公元 1164 年）五月，汪应辰在福建任上的时间实际上没到两年，但他推己及人，尽心为民。

第一件事是免追船贴。朝廷以节用名义，令福建路沿海州军不许支付内修船钱、平铺舶板钱、神福钱，逐州拨还。汪应辰认为不可，因为这是多年来给予海船的贴补，况且州郡所在阙乏，别无余剩钱可以挪拨，那只有问船主要，追钱还官。他说："给了钱又要拿回来，不只是失信；对戍守海域的渔民又没有别的抚恤，问他们追取用掉的钱，从情理上也讲不过去。"

第二件事是停卖僧田。朝廷提出将福建寺观口粮田以外的田地卖掉，汪应辰据理力争。他说："如果这样做，官府无利，百姓遭害。"为何官府无利？寺观既无余田，就交不了"趲剩钱"；老百姓穷，田地卖不起价，"一年之所售，未足以抵一年之租"；寺观穷了，出家做僧尼没有吸引力，官府的"度牒"（旧时官府发给僧尼的凭证，也叫戒牒。僧尼持有度牒，既有衣食生活保障，同时还可以免除地税徭役。唐宋时，官府可出售度牒，以充军政费用）卖不掉，依附于"度牒"的"免丁钱""宽剩钱"也都收不到。为何百姓遭害？田地要划界，要分肥瘠不同，要留哪些，要卖哪些，必定弄得鸡犬不宁。

第三件事是力阻"过头税"。朝廷要求当年七月先交下半年赋税的一半，"以今岁下半年赋，限七月内令以其他名色先次兑挪，起发一半。"汪应辰坚决反对，指出这么做对于户部无非是合得财赋，核对数字，早点交差，"其迟速止数月之间"而已。但对于老百姓，却利害甚大，便有死生祸福之分，"今州郡数米而炊，朝不谋夕，岂复有赢余以相通乎！"除非是"国用窘急，有不得已者"，才如此诛求督迫。汪应辰说："奔走州县，窃见百姓之凋敝、官司之匮乏，未有甚于今日者也。"又说："如去年大赦，堂给所在纷纷，有执持郡守，有殴系曹掾者，若州郡粗有余积，肯使之至此？今迫于期会，州既无有，必责之县，县必责之百姓，不过科率以取足，而贪残者又夤缘以济其奸。"

第四件事是宽限"趱剩钱"。收取"趱剩钱"的做法，当时福建诸州情形不一，"有的趁秋成起催，则有谷价正贱，输过其数之费；有的令四季分纳，则有期会迫促，非时举贷之患。"汪应辰说："盖缘八州地利所种早晚不同，寺观大小、事力亦异，互有利害，难以概行。"汪应辰提出，自秋苗初，因地制宜，接续送纳，至次年上半年内取足即可；有情愿自于秋苗前者，亦听从便；无须等次年催理，否则其间或以荡为他用，责之于无，反致劳扰；至于是交本色米，还是折价去处，皆依旧例。

建州建阳（今属福建）人魏掞之，是一个"于学无不讲，尤长于前代治乱兴衰存亡之说"的人，他称赞汪应辰说："以忠恕之心，行简易之政。"简易之政，即清明的政治、良好的政令。所谓大道至简，政简易从，政成在简易。

福州马江天后宫题联

天后，又称妈祖、天妃，姓林名默，"生弥月不啼"，人称默娘，北宋福建莆田人。天后宫即妈祖庙，妈祖信仰地区多散布于中国沿海、台湾以及东南亚各地。

汪应辰在福州期间，曾为马江天后宫题联："秋社荐黄花，正箫鼓重阳，证果三生天竺梦；故乡思荔子，记湖山招隐，先芬一卷邵州诗。"

上联的意思是：秋祭的时候，人们进献上黄花，正当重阳节的箫鼓响起，妈祖的出生、升天应验了观音送神女的"天竺梦"；下联的意思是：妈祖思念故乡莆田的荔枝，惦记归隐故乡的父亲，缅怀曾经在邵州当过刺史的高祖蕴公。

汪应辰的联语有原注，说："天后出生时，她的母亲梦见观音抱送神女。天后于宋雍熙四年九月升天。高祖林蕴为唐代邵州刺史，著有《邵州集》。"相传天后生于北宋建隆元年（公元960年）三月二十三日，雍熙四年（公元987年）九月初九日升天，年二十八。她的父亲林愿，曾任掌管地方治安的都巡检，后毅然辞官归隐回乡。

宋代流传下来的对联很少，出自宋代状元之手的对联更是罕见，所以汪应辰这副联语在楹联史上很有价值。

朝廷谋蜀帅

自古以来，"四川不灭，中国不亡"。

当时四川是宋金对峙前沿，辖成都府、潼川府、利州、夔州四路六十余州，既包括今四川主体，也包括今重庆及陕西、甘肃、湖北、贵州部分，"地压西南，系江淮之根本"。

早在南宋建炎三年（公元 1129 年）五月，宋高宗以四川、陕西为忧，命知枢密院事张浚兼川陕宣抚处置使，许以"便宜黜陟"大权，经营川陕。次年夏，金军追击宋高宗不获，驻留两淮。朝廷担忧金军秋后再次过江南侵，乃令张浚在陕西发动攻势予以牵制。张浚即积极进行军事部署，命令各路宋军分道进兵关中，收复失地。金军主力到富平，双方大战。富平之战为开战以来宋军首次以大兵团主动出击金兵，虽败却牵制了金军。但关陕之地亦因之沦陷，终南宋之世不能恢复。

"隆兴北伐"失败后，同年八月，金继续向宋索取岁币和四州之地，否则将以兵戎相见。十一月，宋孝宗与群臣围绕和战展开一场争论，史称"廷议和戎"。有的主张遣使，与岁币，以四州换取陵寝之地和钦宗梓宫；有的认为地不可与，"归正人"（指沦于金而返回本朝者）不可遣，边备不可撤；有的认为四州决不可割；有的反对议和；有的以为可议和、遣使，与岁币，但不可割地，主张胜而后与和；有的认为应与议和，可增岁币，勿弃四州。廷议后，宋孝宗决定谕金"以四州不可割之意"。

南宋隆兴二年（公元1164年）三月，因和议难成，宋孝宗诏张浚巡视江淮诸军。张浚招徕山东、淮北忠义之士一万二千余人充实建康（今江苏南京）、镇江两军，又以"万弩营"驻守泗州（今江苏盱眙北洪泽湖中），边备因此而大大加强。四月，宋孝宗惑于谗言，罢江淮都督府，撤边备，解散"万弩营"，停修海船。

在这种"和戎"（和与战）左右摇摆不定的局势中，南宋隆兴二年（公元1164年）五月，朝廷任命汪应辰为四川安抚制置使兼知成都府。安抚使主一路兵政，制置使掌边防军务、便宜制置军事，多以安抚使兼任制置使。

宋孝宗之所以选中汪应辰，有诸多考量。

一方面，汪应辰历袁州（今江西宜春）、桂林、婺州（今浙江金华）、福州，官声斐然。

另一方面，虽然随着江淮都督府的撤销、张浚去位，朝廷中主和势力占上风，遂决议弃地以求和，但新一轮宋金谈和仍无结果。

四川安抚制置使人选，既要能着眼大局，老成持重把得住，万一有事又挑得起重担。而任权吏部侍郎、户部侍郎时，汪应辰多次上奏展现出的军事思想与才能，宋孝宗印象深刻。

汪应辰两次上书请辞，表示自己生长于江南，对西蜀风声气俗、山川形势完全不了解，"军旅之事，素未之学"，恐担当不起如此重任，误了国事，实在是罪过，但朝廷不允。

"天幸不可以数得，君命不可以久违。"这一年六月初，汪应辰从福州出发，于七月上中旬至临安，八月下旬自上饶登舟。汪应辰曾在一封信中写道："自上饶登舟，历四月余始抵万州，去成都尚一千二百里，艰险万状，幸而无他。"

南宋隆兴二年（公元1164年）闰十一月十五日，汪应辰至夔州境上交印。十二月抵成都，真是"邈在天末"，长路漫漫。

除民政积弊

汪应辰到任四川后，每以爱民为念，针对当时蜀中诸多民政积弊，尽力革除以减轻老百姓负担。

一是除虚额。虚额，即限额外的数目。朝廷规定地方上交赋税有定额，但这个定额往往是取历年来最多的一年为基数。有的地方官员为了升迁，还会在定额之外，把搜刮来的"盈余"一起献给朝廷。朝廷又会将"盈余"部分，作为岁额常赋。这样一来，有名无实之额常存。地方官府如无钱上交，就通过预借来填充。不够的话，再预借，寅吃卯粮，"有借及二三年者"。不管怎么借来借去，最后都转嫁到老百姓身上，老百姓不堪重负。朝廷也了解到这个积弊，曾经下令减负，但各级官员各打各的算盘，没有执行，催科如故。汪应辰奏称虚额乃"蜀民之大患"，请求免除。南宋乾道元年（公元 1165 年）五月，朝廷免除四川州县虚额。

二是免除"饷运"。"饷运",即运送军粮差役。四川驻军多,运送军粮负担沉重。南宋乾道二年(公元1166年)正月,朝廷准汪应辰奏请,免去利州路(今四川广元)运送军粮负担,按每石二千缗由朝廷解决。后又令沿边戍兵就近郡县解决军粮,朝廷也节省了"饷运"开支。

三是免除"保胜""义士"劳役。因对金作战兵力不够,边境州县每家二丁则取一丁,四丁、五丁则取二丁、三丁,名之"义士",享受免除一部分税租优待。数州联合起来,名之"保胜"。这是一支庞大的队伍,也是繁重的负担和劳役。鉴于宋金和议,汪应辰奏请让他们复业,自力更生。南宋乾道二年(公元1166年)三月,朝廷免除"保胜""义士"科役,州县之民得以安居乐业。

四是减轻"勘合钱"负担。"勘合钱",原称合同印记钱,输纳税赋文钞每副收纳三十文,本来就属于巧立名目。南宋乾道二年(公元1166年)九月,朝廷改革"勘合钱"制。朝廷令每副减作二十文,但"勘合钱"不以钞计,而以贯、石、匹、两计,表面上看降低了三分之一,而实际却是增加了负担。南宋乾道三年(公元1167年)初,汪应辰上书,称"以钞旁取之,而又计其贯陌,是名不正而言不顺也;以减赋为名而其实增之,是以白为黑也"。汪应辰指出,老百姓赋敛比过去加重了十倍,还要挖空心思盘剥他们,就像一个羸弱之人负百斤之物,间关远途不得休息,"若减其一二,犹可少苏;或稍增之,则辗转疲乏,必毙踣而后已"。汪应辰请求"勘合钱"依旧法实施,获得朝廷同意。

五是取消契税考核。四川总领所（总管四川诸路财赋以供大军所需的机构）暗中委派官吏考核诸路隐匿契税之事，汪应辰奏道："这样做一则妨碍农民，使农业荒废；二则纵吏扰民；三则违犯法规、损害教化；四则助长奸情、挑起讼争。即使有没有收全的，可按法令行事，不应做出这种烦扰之事。"宋孝宗说："言极有理，立即取消停止考核。"

除铨试积弊

铨试，即通过考试选拔官员。因为"山高皇帝远"，四川铨试舞弊案件屡有发生。

南宋乾道三年（公元1167年）二月，朝廷准汪应辰奏，罢成都、潼川（今四川三台县）路转运司轮年铨试，交由制置司负责。转运司又称"转运使司"，诸路皆置，掌财赋，均调一路租税以供国用，兼分巡所部、监察官吏。

为防止舞弊，汪应辰采取七条措施：

一是实行"锁院"，即锁闭院门。一经入试院，考官、考生皆不得与外界往来，以防泄密。

二是引保就试。凡参加考试的，必须十户、五户互相担保，不许有大逆的亲属及诸不孝、不悌与僧道归俗等情形。将临试期，知举官先引问联保，核对明白后，方得就试。

三是类省试设别试所。宋代蜀地举人可不赴京城参加省试，而就近参加类省试，即相当于省试的考试，朝廷准"类省试合格第一名，依殿试第三名例推恩，余并赐同进士出身"。当然，也可赴京城考试，"间有愿赴行在省试者，亦听之"。别试所，即为避嫌疑而另设的考试场地。

四是扩大监试、考官等选任范围。从诸州现任京朝官内，选差有出身、文字兼全之人充监试、考官，并于现任京朝官及选人、大小使臣内选差监门、封弥、誊录、对读、巡铺官；如参加考试不及百人，即令封弥兼巡铺，誊录兼对读。此前，都是安排本司属官监试，既然主持考试的官员是固定的，就容易出现贿赂请托。

五是规定从经史子集中命题。做到所有题目都有来历，有所考据，而以往试官以意出题，比较随意，未必皆有出处。

六是规范拆号发榜。定于开院前一日，由制置使司长官亲自到试院拆封，而以往皆由试院自行发题。

七是加强督查，严防代笔。所有假名代笔之弊，都与门禁不严有关，使其得以传送，又常见夜里烛光，甚通宵达旦，一些参加考试的人也有余力为人代笔。选差监门官、巡铺官，严切督责，规定夜间不许见烛光。

决当待罪引去，虽得罪不悔

南宋最大的敌人是金国，金人善骑，所以战马问题首当其冲必须解决。但战马的主产地在西北，因此"马纲"关乎朝廷安危。

"纲运"始于唐朝末年，鉴于当时藩镇割据、盗寇横行，为便于监押保护，将地方漕粮依一定数量编排在一起，称为"一纲"，分批运送。宋初纲运之制一切，有粮纲、米纲、布纲、钱纲、盐纲、香药纲、马纲等。

"马纲"，即将每百匹或五十匹马编为一纲，分批运送。

南宋乾道元年（公元 1165 年）五月，朝廷同意四川宣抚使吴璘实施水路"马纲"，即造船载马。此前，"马纲"走陆路南下。吴璘的理由是马匹数量巨大（每年约一万匹），"历峻岭乱石之间，马伤其蹄，道毙者多，请以舟载马而东"。吴璘说："顺流而下，不过一月，可到荆南。"

汪应辰不顾宣抚使掌监察大权，位在安抚制置使之上，坚决予以反对。他驳斥道：一是走水路需要造大量的船，造船所需陡增负担，老百姓已经一贫如洗，钱从哪里出？二是要招募艄公、水手，必定役使农民为之，造成民力既困，流离转徙；三是"三峡之险，天下所知"，水流湍急，战马易惊，有翻船覆溺之患。

汪应辰写成《论马纲由水路利害》，但这封奏议直到十二月，才呈至宋孝宗面前。

吴璘不听，一面高压督责，一面诱以赏典，一些地方凡老百姓家有木板楼阁之类都被官府征收用于造船，搞得四川鸡犬不宁。

后来的情况印证了汪应辰的预见：一是水路自身风险，"峡江湍险，军士素不谙习，一遇滩碛，人马覆溺"；二是流民趁火打劫，"驱沿流之民为之操舟，所赍衣粮为之劫夺，所过又鸡犬为之一空"；三是途中马料难以保障，"水路到荆南，三千余里，一旦风阻，行船不得，或至三五日，马失馈饲"；四是"马纲"所至，骚扰江村，侵扰商贩米斛之舟，造成米价上涨。

汪应辰在给哥哥汪渊的信中说：涪陵县令王瀚自杀了；沿江居民，许多逃入金人占领的地界；一有疏失，翻了船，马匹死伤远远比陆路多。汪应辰表示要再次上奏，如阻止不了，"决当待罪引去，虽得罪不悔！"

南宋乾道三年（公元 1167 年）五月，吴璘病逝。十一月，朝廷废罢水路"马纲"，恢复陆路"马纲"。

而对陆路"马纲"，汪应辰提出由州县来往官员便道押运，适当给予报酬即可，"以四川诸司与六十余州，而欲择百四五十员押纲使臣甚易"。这样既省州郡之费，又可一改过去专设的押纲使臣满天飞，"只成都府自有五十余员"，假公济私、挑肥拣瘦、效率低下、赏罚不明的情形。

◎玉山怀玉书院（廖端胜　摄）

◎玉山端明书院遗址（胡小玲　摄）

赈灾济民

　　南宋乾道三年（公元 1167 年）夏秋，蜀中大旱，三路八州军大面积歉收。汪应辰沉着应对，尽心竭力，"身任安危之寄，心忘物我之私"。

　　一是对朝廷不隐瞒灾情。汪应辰四次上奏，如实向朝廷报告灾情之重及救济之策："利（今四川广元）、阆（今四川阆中）、梓（今四川三台县）三州的军马粮料，根据百姓的能力平均分摊，官府虽然支付购买粮料的钱，百姓实际上得不到半价的价钱，如果选派官吏在粮食丰收之地购买，可以使民力得到宽松，州府没钱买粮被束住了手脚，请求给予度牒。"

　　二是果断稳定米市，平抑物价。他一面安排去丰熟产地买进粮食，一面减价粜米，并请求朝廷降"度牒"以缓解买粮经费之紧缺。宋孝宗说："汪应辰治理蜀地有声有色，并如此留意民事。"于是给蜀度牒四百，作为购粮本钱赈济百姓。在朝廷"度牒"下拨前，他紧急调用官钱，"已先兑挪别色官钱，逐急收籴，斟量缓急，随宜赈济"。

三是让灾民有饭吃、有衣穿、有病能治、有棺下葬。令灾情严重州县逐一体访饥民数目，广泛发动社会力量，同舟共济，"劝诱富民，或粜米，或造饭"。有的地方把死去灾民的尸体火化了，汪应辰听说后，认为不可，要求州县官府买棺以葬，让死者得免焚躯之酷，生者得展坟墓之敬。他说："民间用'浮屠之法'，尚且告诫他们，官府自己更不得这样做。"浮屠，古人对佛教徒的称谓。"浮屠之法"，指尸体火化。汪应辰还差遣僧人为死者做一些功德，使死者得到安宁。他说："对老疾贫乏不能自存者支与食米，无衣者给以祗袄，疾病者给药医治，死亡者差僧持课收瘗。"

四是请求朝廷减赋，以苏民力。汪应辰说："州县灾伤，虽合纳常赋，亦当减赋，岂可重赋之外更此重困？若不及时拯救，民何以堪？"仅梓潼、阴平两县有一千四百五十三状，将合纳秋税并行除放；剑州（今四川剑阁县）蠲免民间科籴一料；绵（今四川绵阳市）、剑两州免得籴买军粮。

五是奖励提拔赈灾得力官员，撤换赈灾不力的官员。汪应辰说："正是奉行荒政，若官不得人，虽有钱米，未必实惠及民。"对朝廷拟任绵州通判人选，汪应辰认为其不甚晓事、嗜酒多病、难以倚仗，乞将其别与差遣；在任剑州梓潼县知县瞻视不明，心力短浅，职事旷废，请求将其别与差遣。而对一些详练世务、勇于为义，清介有守、吏事疏通，精力强敏、奉公守法的官员，汪应辰极力荐举。他说："州县之事，全在官得其人。其间有尽心职事、惠利及民者，为朝廷所知，则益自勉励。其余亦皆向慕，所谓有功而见知则悦，举善而教不能则劝也。"

六是确保军粮以安稳驻军，严厉打击盗贼。汪应辰与各州军守相度措置，内有缺乏钱米去处，即从制置司支拨应付。广安军渠江县界，有强盗结党肆行劫掠，汪应辰亲自指挥，捕得两伙贼人，并责令广安知军具人数姓名，收捕余党。不久，即捉到正贼七名。

担负戍边使命

　　宋金战事虽停，但边境仍不安稳。作为戍边大员，汪应辰审时度势，积极措置边事，为国分忧，以一介书生，统领四路兵民，"以不知兵，而尽护于将屯"。

　　一是划定边界。

　　南宋隆兴二年（公元1164年）春，"敌人先以地界未定，屯兵聚粮，外示声势"，又声言欲七八月间用兵，于是朝廷令汪应辰会同四川宣抚司"照应旧界施行，不得差错"。汪应辰迅速施行，上奏说："今来地界既定，敌人必自引退。"

　　十一月，宋金再度达成和约：双方世为叔侄之国，宋帝正皇帝之称，不再向金称臣；改岁贡为岁币，宋每年予金银、绢各减至二十万两匹；宋放弃六州，两国疆界一如绍兴和议之旧；不遣返叛亡之人，史称"隆兴和议"。其后，宋金双方保持了四十年的总体和平关系。

与"绍兴和议"相比，南宋在"隆兴和议"中的地位有所改善。皇帝不再称臣，岁贡改为岁币，数量也有所减少，这是金朝最大的让步；而南宋在采石矶（今安徽马鞍山市西南）之战以后收复的海（今属江苏连云港市）、泗等六州悉数还金，则是宋朝最大的让步。

二是荐举兴元帅臣。

南宋乾道三年（公元1167年）四月，朝廷并利州东、西为一路，以四川宣抚使吴璘兼知兴元府。兴元府原为利州东路治所，治南郑县（今陕西汉中市东），合并后作为利州路治所，其辖境约相当今陕西省城固县以西的汉水流域。当时吴璘驻扎在蜀口武兴（今陕西略阳），对兴元府的事鞭长莫及。而兴元府地位极为重要，"兴元都会，地望雄重，节制军马，镇抚中外，边防事宜，利害非一。而蜀道僻远，奏报往复，动辄三四月"。汪应辰荐举吴拱、吴胜、姚仲三个人选，朝廷选用了吴拱，令其任利州路安抚使、兴元府知府、驻扎御前诸军都统制。

三是移司利州，靠前指挥。

吴璘所率是大宋精兵，但吴璘既老且病，汪应辰密奏"以关陕大将系国安危，所当预图"，希望朝廷尽早物色帅选。南宋乾道二年（公元1166年）十一月，朝廷密诏汪应辰："如吴璘不起，收其宣抚使牌印，权行主管职事。"次年五月，吴璘病逝。汪应辰依旨行事，并将宣抚司移至利州。六月，朝廷命汪应辰权节制利州路屯驻御前军马，复分利州东、西路为二。

辑集《东坡苏公帖》

汪应辰在蜀地主持军政之余，还做了一件事，在中国书法史上留下了重要的影响。

汪应辰自己善书，而且书法造诣颇深。最迟写于南宋绍兴六年（公元 1136 年）八月的《中庸毕工帖》，当时汪应辰只有十八九岁。此作笔力老到，潇洒自然，后被清代《三希堂法帖》等收入，今藏台北故宫博物院。

张九成丧父期间，汪应辰去海宁盐官（今属浙江）安抚老师。他们一起郊游时，张九成看汪应辰在墙壁上的题字，很是喜欢，说："时圣锡书壁以记，字画遒劲可喜。"与汪应辰同榜进士的王庭珪，也很欣赏汪应辰的字，称其"与故人书札皆纤锋细管、字小楷而清劲"。被尊为南宋中期文坛盟主的周必大，则说得更加有分量："玉山汪公名重天下，人得尺牍荣之。"

　　正是这样，就有了《东坡苏公帖》——汪应辰很崇敬苏东坡，对苏东坡书法尤为喜爱，而苏东坡是四川眉山人。

　　南宋乾道四年（公元 1168 年）三月，汪应辰辑集多年来所得苏东坡帖，摹刻为《东坡苏公帖》，在末尾自跋："东坡苏公帖三十卷。每搜访所得，即以入石，不复铨次也。乾道四年三月一日，玉山汪应辰书。"

　　《东坡苏公帖》后又名《西楼帖》，成为历史上辑集苏东坡书法最多、摹刻最精、传世最早的集帖。又有陆游跋："成都西楼下有汪圣锡刻东坡帖三十卷。""西楼下石刻东坡法帖十卷，择其尤奇逸者为一编，号《东坡书髓》，三十年间未尝释手，去岁在京师，脱败，再装缉之。"

与龙游不浅之缘

南宋乾道四年（公元 1168 年）三月，汪应辰卸任蜀帅。"五月至于荆南（荆州一带），九月至于太末（今浙江龙游）"，这是《宋汪文定公行实》中的一段记述。

从成都返回，往临安（今杭州），一路经停的地方很多，荆南是泛指，为什么特别提到龙游这么一个并不大不怎么有名的县？

后来，南宋著名政治家、文学家周必大写有忆汪应辰诗："太末分携晚，东胶觌面初。"东胶，即太学。南宋绍兴三十年（公元1160 年），周必大任学录，其时汪应辰任国子司业、国子祭酒，是周必大的上司。从诗句看，周必大曾在龙游与汪应辰见过面，才有分携（离别）之说。

南宋绍兴二十七年（公元 1157 年）八月至绍兴二十九年（公元 1159 年）十一月，汪应辰丁母忧。此间，岳父喻樗复起为大宗正丞，转工部员外郎，出知蕲州。汪应辰是否将家眷安置在龙游？

又三十余年后，南宋嘉定三年（公元 1210 年），南宋名臣、文学家楼钥在《题徐铉篆书帖》（后跋）中写道："绍熙之元，岁在庚戌。余与季路同为南庙考官，尝题此卷，今二十年矣。二十年间，何所不有，年号亦四改，时事可知。季路居太末，余挂冠甬东，岂复有再见之理。更化之后，乃复会于此，抚卷为之增慨。"季路，即汪应辰的次子汪逵。

从汪逵经历看，南宋嘉定元年（公元 1208 年）至嘉定五年（公元 1212 年），他一直在朝廷为官。既然"居太末"，说明汪逵当时安家于龙游。

如此，汪应辰一家与龙游当有不浅之缘。

庙堂议不合，不悦者众

履职四川是汪应辰一生中最精彩的华章，使其声望达到顶峰。

南宋乾道四年（公元 1168 年）十月，汪应辰觐见皇帝宋孝宗。宋孝宗称其"治蜀甚有声"，说："你久在蜀地，使我减轻了对西边的担忧，军政民事方面的弊端全部铲除，蜀中除去虚有的税额，百姓得到了实惠。"

汪应辰以"畏天爱民"为主旨，奏道："去除了虚有的税额，州县财政更加宽裕，但还有二项弊端未除，一是预借，即官府向民间预先借支各种赋税，实际上成为加税之一；二是对籴，即向民户征购与其应缴赋税等额的粮食。预借是各州县历年相沿袭下来的，对籴是用以补充州县的亏缺，百姓纳米一石，就需籴一石，官府给百姓的籴米钱或者半价，或者不支付，并多征多取。陛下近来捐出百万用以去除预借的弊端，对籴的祸害只存于几州，希望一起除去，那么弊端全部革除无余了。"

过了些天，汪应辰又呈上了一篇奏议，继续谈他的"畏天爱民"论。他提出"爱民六事"：一是皇帝虽有爱民之诚，良法、美意要靠百官去推行，但时下官员"多不实选"，有的"官不得人"，所以一定要根据德行才学选拔官员，考之以实绩；二是官场上有一种不良习气，脱离实情，哗众取宠，好大喜功，上下相蒙，阳奉阴违，此弊当革；三是专卖货物之利（如盐、酒、茶）今已数倍于前代，即使不能减免，不宜有所增加，以重困民力；四是对贪猾之吏处置要严，或罢免，或重罚；五是收籴粮储、缮修器械之类费用，朝廷应该据实支付，给降本钱，"无使州县于百姓重赋之外，复有此等赔累"；六是军队要整队伍，不得滥竽充数，强民为兵，要肃军纪，抓训练，不扰民。

这份奏议一上，戳到了许多权贵、官员的痛处，"庙堂议不合，不悦者众"。在朝廷讨论时大家意见不统一，不赞成的人很多，从宋孝宗到众官员都不高兴。

见今居家待罪，不敢赴部任职

南宋乾道四年（公元1168年）十月，朝廷安排汪应辰担任吏部尚书。吏部是管官的部；吏部尚书是六卿之首，管官的官，执掌吏部是汪应辰一生仕途的顶峰。

还没上任，汪应辰就听说了一件事：宋孝宗准备重新任用那些已经罢免、裁撤的冗员冗官。汪应辰连上三书，力陈已罢冗员无可复置之理。

当时，诸路皆置安抚使，有参议，有主管机宜，有干办公事，有准备差遣，有准备差使，一官或三四员；诸州添差通判，有至三员者；州郡生徒仅有二三十人，或全无一生徒者，而皆置教授；还有光拿俸禄不上班的，如奉祠宫观、岳庙，皆无定员；离军使臣、养老军员、归正、归明、审官，其所创置员缺，未易悉数，又有特添差者。庞大的官僚机构和冗滥官员导致负担沉重，财力窘迫，汪

◎2019年3月24日，玉山县新华书店举办首届"新华书友汇"活动，主题为"走近汪应辰，走进玉山文化"（图片由玉山新华书店提供）

◎作者在首届"新华书友汇"活动中签售《走近汪应辰》（图片由玉山新华书店提供）

◎2019年4月10日，玉山县召开汪应辰人文价值探究座谈会（尤觉人　摄）

应辰说："今之州郡，凡百费用，盖十倍于承平之时。"

虽然罢免、裁撤冗员冗官不能从根本上解决国力、财力问题，但至少减了负。汪应辰说："今所罢无用冗赘之官，虽未能大有所益，譬如羸弊之人，负百斤之重，若省其十之一二，亦足以少宽其力。"他还尖锐地指出，一方面，为人择官，为人设官，人浮于事；而另一方面，又做不到为官择人，埋没了一大批像朱熹、吕祖谦这样不肯强颜俯首、以就升斗之禄的人才。

汪应辰说："见今居家待罪，不敢赴部任职。"竟然以此拒任如此重要的官位，可见他有多么骨鲠。

过了一年多时间，朝廷不仅意识到冗员不可复置，还先后裁减枢密院吏额一百一十四人、三省吏额七十人、六部吏额一百五十人，其余百司、三衙亦各裁减吏额若干员不等。

兄弟同朝，时称"玉山二汪"

汪应辰担任吏部尚书兼翰林学士时，他的哥哥汪涓担任中书舍人，兄弟同朝。

汪涓是南宋绍兴八年（公元1138年）进士。有一个故事"汪涓不为秦客（又名不求秦荐）"，说的是汪涓为人正直，任安徽宣城县尉时，任期将满，"阙令职状一纸，知州秦梓意其必求，即荐之"。因秦梓是秦桧之兄，汪涓终不屈，不愿求其推荐，遂再为县尉一任。其实秦梓居官清正，并不与秦桧同流合污。

因为汪应辰的职位比他哥哥高，汪应辰上奏说："臣之职当坐，而臣兄之职当立，弟坐兄立不可以。"宋孝宗听后，说："卿与兄轮日入侍。"

翰林学士、中书舍人都负责起草诏令，翰林学士起草的称"内制"，中书舍人起草的称"外制"。汪涓为官知无不言，宋孝宗曾听从汪涓的建议，要求中书舍人、给事中相互驳正，不得"连衔"同奏。而汪应辰在翰林所草词命，深得"王言之体"，有"温润之气"，如"雪中桧柏"。

汪应辰对诏书文字的要求是简约，而非长篇大论。他曾说："国初制定诏书，虽然粗疏却很好。又比如汉高祖八年的诏书，与文帝即位时的诏书，只是三五句话，今天的人铺陈发挥许多，也不过是以此作为基础。"宋人周必大对此有同感，认为汪应辰的诏书"意足语简，无一篇苟然"。他觉得自己与汪应辰比起来，差距太大，他说："必大虽焚砚事锄犁，然比之贲军小校望见旗鼓，犹识其节制之帅也。"

兄弟对掌内外制，实是一门荣幸，时称"玉山二汪"。

南宋著名诗人赵蕃把汪涓、汪应辰兄弟比作苏东坡、苏辙，在诗中说："要识公兄弟，当年蜀两苏。"汪应辰的老朋友王十朋也有诗："伯仲同持橐，声名压缙绅。"

翰林学士掌修国史

不久，汪应辰以吏部尚书兼翰林学士充任修国史。

汪应辰先后考证了北宋濮安懿王典礼、元祐郊祀以及金使名犯北宋真宗旧讳、钦宗嫌名等史实，编行了北宋范祖禹的《太史范公文集》。范祖禹是北宋重要的史学家，与修《资治通鉴》，又自撰《唐鉴》十二卷，与其叔父范镇、季父范百禄有"三范"之称。

南宋乾道七年（公元1171年），奉祠居家著述《挥麈录》的王明清，因读《元符诏旨》《钦圣献肃皇后传》所记载"元丰末命"，其所引犹存"绍圣谤语"，即告诉了岳父方滋。方滋说："今提衡史笔乃汪圣锡，吾所厚也。"方滋便修书与汪应辰，请汪应辰再核一下。旬日得汪应辰回信："下喻昨日偶因奏事，即为敷陈。天语甚称所言为当，即诏史院删去，以明是非之实矣。"下喻指汪应辰岳父喻樗，居玉山下喻。

　　后王明清因弄清楚了一个县尉的姓名，"尝以白国史汪圣锡。"事情发生于南宋建炎三年（公元 1129 年）二月，有尉以所部弓手百余人拒敌，尘氛蔽日，与众竟死不退，高宗得以南渡，然尉之姓名不传于世。王明清听程迥说："尉姓孙。"再经询访，闻孙名荣。汪应辰致谢王明清，称"谨本详始，矜持不苟，应辰不如也"。

　　汪应辰翰林学士修国史的身份，一直保留至南宋淳熙二年（公元 1175 年）二月致仕。据《朱子语类》，有汪应辰著《金人亡辽录》《女真请盟背盟录》的记载。

祸起德寿宫

由于汪应辰刚直，在朝多革弊事，皇帝所宠幸的近臣都不敢从正面看汪应辰。

过了一阵子，汪应辰"引火烧身"了，这回是因为老皇帝宋高宗的德寿宫。德寿宫位于南宋临安（今浙江杭州）城东、吴山东麓的市井繁华处，汪应辰面奏宋孝宗道："我听说有人以德寿宫之名，在闹市区建店铺，征用了一些民房，占了一些地，负责监工的人不识事体，还很张扬地在所有的门头乃至僻陋小巷、厕所猪圈都题上'德寿宫'三个字。"

汪应辰接着说："皇帝是官员的榜样。如今这样子，行为失检，举止轻慢，何以服百官？天下后世，会以为陛下不孝，薄于奉亲，使得太上皇还要靠店铺租金补贴生活，颜面扫地，声名狼藉。"宋孝宗一听，气得脸色都变了，说："朕虽不孝，殆未至是！"

德寿宫砌了一座石池，池内用水银使金凫鱼飘浮起来上，便于观赏。宋孝宗去看宋高宗，宋高宗指着石池说："宫内水银正缺乏，这是从汪尚书家中买来的。"宋孝宗大怒说："汪应辰整天说我建房修廊是与民争利，自己却贩卖水银！"

又有说，德寿宫想买产于四川的灯笼锦（一种用金线织成灯笼图案的锦缎），派人到市场上找，没有买到。过了些日子，宋孝宗去探望宋高宗，问起："灯笼锦买到了吗？"宋高宗回答："已经有了。"宋孝宗问从哪里弄来的，宋高宗说："汪应辰家物也。"

水银、灯笼锦不过是面上的说辞，宋孝宗恼怒的是汪应辰的直言。加上拟复置发运司，汪应辰又再三上疏论发运司有害无利，宋孝宗决意罢汪应辰。南宋乾道六年（公元 1170 年）三月，朝廷复置发运司。四月，汪应辰即被免吏部尚书，诏以端明殿学士知平江（今苏州）府。

仅以复置发运司这件事来说，足见汪应辰多么有远见，而且对朝廷多么忠心耿耿。南宋乾道六年（公元 1170 年）四月，朝廷赐发运司钱二百万缗为均输、和籴之用。十二月，罢发运司，废发运使，完全印证了汪应辰论发运司有害无利所言。

举查籥自代

宋代"殿学士",包括观文殿、资政殿大学士、学士及端明殿学士等,虽无职守、典掌,但资望极高。

朝廷拟授汪应辰端明殿学士,一方面是因免了他吏部尚书之职,给予的抚慰;另一方面,汪应辰确也资望极高,符合"殿学士"的任职资格。

然而,汪应辰举查籥自代。

查籥曾与汪应辰在四川共过事,先后任四川夔州路转运使司判官及四川总领。当时朝廷收诸将兵,改为御前军,分屯诸处,置淮东、淮西、湖广、四川、建康等总领,掌所在地诸军钱粮并参预军政。南宋乾道三年(公元 1167 年)夏秋,汪应辰在蜀中旱灾报朝廷的奏折中,称"总领查籥随事措置,救济百姓,其处心行事,实为过人"。十一月十一日,朝廷降诏奖谕查籥,使得远方监司、守令有所劝慕。

当初在"马纲"这个问题上，查籥、王十朋极力赞同汪应辰的观点，认为水路"马纲"劳民伤财，不知何苦为是。从王十朋赠查籥诗"肝脑不自爱，精忠为上殚。危言犯颜易，直道立身难"，也可以看出查籥的为人为官。

汪应辰在奏状中称查籥才学高、品德好，"奉使入蜀跋涉七年，随事便民，为国固本"。朝廷不允。

保护浒浦良田

南宋乾道六年（公元1170年）五月十六日，汪应辰刚到平江（今苏州）府，就遇到了浒浦（地名中"浒"念xǔ，不念hǔ）设立御前水军寨需大肆征占良田这件大事。

浒浦属常熟县，是平江府的一方重镇。因港汉深远，便于隐藏战舰，而附近地处高旷，又能安营，并且距两淮较近，消息易传，自南宋建炎二年（公元1128年）始，朝廷在浒浦驻扎水军。后朝廷成立管辖福建、浙西、淮东地区的沿海制置使，置使浒浦；又在浒浦建立乡民、山、水三寨。

一面是国防，一面是生计。一直以来，苏湖是天下粮仓，"苏湖熟，天下足"。御前水军寨所选地域"居止八千余家，约有屋宇数百间"，"占田土约七千余亩"，老百姓对此怨声载道。

汪应辰马不停蹄直奔浒浦，深入询访士民。不几日，他草就奏议，令人火速上报朝廷，如实反映"见种麻麦相次成熟，已被践践，及种下秧苗亦皆废坏""井庐坟墓复不能保""小民失业，号泣盈路"等种种底层状况，呼吁停止强征"膏腴之地"。汪应辰提出，浒浦距海约一百六十余里，"止系边江，不当海道"，且水军应分兵屯驻，便于机动，不宜全军尽在浒浦，以免他处有急却又无备。

朝廷最终易址，在浒浦镇西三里许稍偏远地段，并减少用地，只征占民田三千五百亩。

前生陈正字，今代傅中书

南宋乾道六年（公元 1170 年）六月，周必大到平江（今苏州）访汪应辰。

当时周必大正待命秘书少监兼权任直学士院，并兼领史职。他在入宫承对时，希望孝宗朝廷内外荐举文武人才，分别把他们的长处记在一本册子上，藏于宫中，以备缓急之用。平江是周必大的出生地，他母亲是平江人。

老友相见，格外亲切，汪应辰与周必大交流读书治学之道。汪应辰说："我小时候读《陈后山集》，读完《代人乞郡札子》便能成诵，而且知道这篇札子是为傅献简公所作。后来一翻傅的文集，果然是。"陈后山，名师道，字无已，北宋"江西诗派"主要人物。傅献简公，指傅尧俞，北宋名臣。周必大吃惊地说："您难道是陈后山的化身吗？"又说："看来，'宿世读书之说'可信。"

◎玉山县城宋高宗与汪应辰雕像（廖端胜　摄）

◎2019年10月25日，玉山县紫湖中学举办"带你认识汪应辰"大型讲座

（图片由紫湖中学提供）

数年后，汪应辰去世。周必大写下挽诗，"前生陈正字，今代傅中书"，深情回忆起他与汪应辰的这次姑苏之见。陈正字指陈后山，因其曾任秘书省正字；傅中书指傅尧俞的孙子傅伯寿，"常读书，日以寸为程。当沉酣痛快时，至不知饥渴寒暑"，曾任中书舍人。

后来宋人叶釐在《爱日斋丛抄》记述了这件事，说："一个人三生之前，不可尽知。汪应辰或许就是陈无己的后身，贤明之人旷世而相吻合。"

官场谢幕

因为怠慢了路过平江（今江苏苏州），前往建康（今江苏南京）点检牧马的军器少监兼权兵部郎官韩玉，汪应辰遭到了韩玉的诬陷。

韩玉回京后向宋孝宗报告说："我所经过的州县，没有像平江那样不安定的。"宋孝宗听了，有责怪汪应辰的意思。

恰好平江"米纲"（即贡粮）运抵京城，质量有欠，"若有湿润、砂土糠皮"。又有说是"米纲"在运往京城的途中，遭到了盗贼抢劫，损失惨重。事情上报到宋孝宗那里，宋孝宗勒令汪应辰好好反省，同时对负责押解"米纲"的官员给予了刑罚。

此时的汪应辰身体已经不大好，尤为眼病所扰，他不为自己辩解，坚决请求奉祠。他致信朱熹说，"某承乏无补，重以目疾废事，丐祠未获，当再请也。"南宋乾道六年（公元1170年）九月，朝廷允汪应辰提举江州太平兴国宫，保留端明殿学士身份。

这样算来，汪应辰在平江任上只干了四个月。从此，汪应辰再也没有回到官场。

寓居衢州超化寺

汪应辰奉祠后，来到衢州。

衢州超化寺后有云山阁，是南宋绍兴十七年（公元 1147 年）时任知州张嶲所建。南宋洪迈在《夷坚志》中记述："衢州超化寺，在郡城北隅。左右菱芡池数百亩，地势幽闃，士大夫多寓居。寺后附城有云山阁，阁下寝堂三间。"

此阁名字听上去很文雅，却十分荒凉，"多物怪，无敢至者"。然而，对于无屋可居的汪应辰，有个落脚之地就很好了。

后来，南宋周密《癸辛杂识》记述："汪玉山居衢之超化。"明代《永乐大典》记述："端明寓城中超化之云山。"而有的则误记成知州张嶲给汪应辰盖了房子，如明代《明一统志》："宋汪应辰及子逵寓衢，郡守张嶲筑室居之。"清代《衢州府志》："汪公父子寓衢，郡守张嶲筑室居之。"

超化寺废于宋末。南宋咸淳年间（公元 1265—1274 年），于云山阁址建明正书院。至清代，明正书院改文庙明伦堂。

而菱湖，今仅存南宗孔府后花园的一个池塘。

衰悴多病，苦于目疾

住进超化寺云山阁的汪应辰安心治学，"某山居，绝无外事，可以一意观书"。他读欧阳修、刘敞，辨王钦若所监修的国史；他和朱熹、吕祖谦书信往来，考订典籍，忙碌而充实。

但汪应辰的身体每况愈下，尤其是目疾越来越严重。

早在怀玉山讲学时，他在诗中就写道："何妨酌灵水，一洗眼花眩。"不过才三十六七岁，竟眼睛昏花看不清楚。

南宋乾道三年（公元1167年）四月，汪应辰请辞四川安抚制置使兼知成都府摄宣抚司事，称自己"比目苦疾，职事旷废"。其后几年间，他在给陈俊卿、朱熹、刘珙、李运使等人的信中，多次说道，"疾病侵凌，愈难黾勉"，"承乏无补，重以目疾废事"，"奉祠如昨，第目昏殊甚，稍劳勤，即或全无所见也。又遍身疥癞，坐卧不安"，"第目昏日甚，殊相妨也。又闻颇苦目疾，此中年尝患，而应辰特甚耳"。

困扰他的目疾，有时候一天要洗上数百遍，"目昏日甚，沃洗数百遍，仅能勉强执笔"，"每日用白汤沃洗，胜于服药"。对于一个要读书、写文章的人，这是何等的痛苦，"屏居萧寺，衰悴多病，目昏脚弱，日以增剧"，"目昏甚，执笔艰苦，勉强拜状"，"屏居如故，第目昏益甚，亦良苦也"。

道无远近高卑之异，但见有不同

不管在什么位置上做官，汪应辰一贯为人谦和，推贤乐善，从不摆官架子。

汪应辰曾教育大儿子汪逢说："惟公与正乃万事之本，又须行之以恕，居之以宽，庶几久而无愧。接待上下，切宜尽敬，不可有一毫慢易之心。"

在学术上，汪应辰也是始终坚持宽容、包容的态度。因为倾向于儒释道"三家为一"，不肯排斥苏东坡的"苏学"，他遭到过朱熹严厉的批判。

南宋乾道七年（公元 1171 年），汪应辰致信朱熹，提出北宋张载所著《东铭》《西铭》相为表里，"东西二铭"应该并重，不能割裂，但学界却一直忽略《东铭》。朱熹却认为，"东西二铭"词义所指、气象所及、浅深广狭，迥然不同，《东铭》无法与《西铭》

同日而语。朱熹再次表现出了偏激的一面，他说："天之生物使之一本，此是则彼非，此非则彼是，盖不容并立而两存也。"

汪应辰回信说："道无远近高卑之异，但见有不同尔。"这句话可以说是汪应辰一生为人治学的座右铭。

而这个"道"，不是道学的"道"，而是指学术、道理，"学问之道，止是揆于心而安，稽于古而合，措于事而宜。所以体究涵养，躬行日用，要以尽此道而已"。

序长不序爵

南宋乾道九年（公元 1173 年）正月十三日，汪应辰的老朋友范成大途经衢州，看望汪应辰。

十四日这一天是立春，汪应辰自玉山匆匆赶回衢州，与范成大相见。

第二天元宵节，汪应辰在云山阁家中，邀前馆职郑公明一起，陪范成大过节，以尽地主之谊。

郑公明与范成大同召试，同除正字校书郎，但比范成大长十余岁。范成大比汪应辰小八岁。入座时，汪应辰、范成大请年长的郑公明坐上座，郑公明怎么都不肯，说："各已出馆，正当序官。"意思是要按照官职大小来坐。

汪应辰说："序长不序爵，序齿不序官，这是规矩。"

汪应辰说了一件事，当初他与凌景夏同为秘书省正字，凌景夏年长，上坐；后来他以端明殿学士守平江（今江苏苏州），过湖州时，凌景夏也在，两人同会郡中，凌景夏为显谟阁学士，显谟阁学士位在端明殿学士之下，但仍以凌景夏上座。

　　郑公明听了，不好再谦让，遂就座。

吕祖谦之访

    吕祖谦是南宋著名理学家、文学家，他小时候就师从汪应辰，而且他的金华"东莱吕氏"许多长辈都与汪应辰有往来，"论交从父祖，受教自儿童"。

    南宋淳熙元年（公元1174年）五月十三日，吕祖谦到衢州探望汪应辰。吕祖谦停留了十天，获听教诲，警省启发良多。吕祖谦说："往返近两旬，汪丈静阅之久，论事益深稳综练。"在随后的信中，吕祖谦告知汪应辰，自己与陆九渊论学多日，而陆九渊其人淳笃劲直，在同辈中甚为难得，希望汪应辰帮助荐举陆九渊。

    南宋淳熙二年（公元1175年）三月二十三日，吕祖谦再次到访，宿于超化寺。

    吕祖谦此行目的，是要去福建找朱熹，以调和朱熹"闽学"与陆九龄、陆九渊"象山学派"之间的分歧，促成两方观点"会归于一"，因此他有许多重要问题要向汪应辰当面讨教。吕祖谦希望老师一起帮他做做两方的工作，他知道朱熹敬重汪应辰，而汪应辰于陆九龄有举学录之恩。

儒学博大精深，源远流长。春秋战国以降，汉儒治经重名物训诂，至宋儒则以阐释义理、兼谈性命为主，"理学"一名始称于南宋。

朱熹曾说："理学最难。"陆九渊也说："惟本朝理学，远过汉唐。"朱熹言"理"，侧重于探讨宇宙自然的"所以然"。陆九渊言"理"，侧重于人生伦理，所以他认为朱熹的"格物致知"方法过于"支离破碎"。朱熹发扬光大了程颢、程颐兄弟的"洛学"，而陆九渊的思想其实接近程颢。

由于赶路，二十五日大早，吕祖谦就告辞汪应辰，离开衢州，这是他们师生之间最后的一面。后两个月余，南宋淳熙二年（公元1175 年）六月，由吕祖谦邀集，中国思想史上著名的"鹅湖之会"在信州铅山鹅湖寺举行。

"鹅湖之会"的幕后，凝聚有汪应辰闪光的思想。

上饶之居，不了了之

晚年的汪应辰，面对着一大家子人的生计。他在一封信中说："此间哀苦穷愁，寥落之状，可问而知，不重说也。内外食口，亦四十人。"

何况还有那么多藏书、书画之作。南宋乾道八年（公元 1172 年），汪应辰在《与李运使》中说："方欲谋一定居之地，尽哀集所有藏之。"南宋乾道九年（公元 1173 年），汪应辰曾跟吕祖谦表示过自己对书籍的担忧，吕祖谦回信说："书籍分寘数处，积岁久不次比，岂无蠹毁之虞，莫若以时收集为善。"

汪应辰做官几十年，廉洁奉公，从不谋私利。他把祖上的家业让给了堂兄，再也没有回到老家添置一砖一瓦。他担任过吏部尚书，官居二品，位高权重，却没有盖一间自己住的房子。

南宋淳熙元年（公元 1174 年）初，吕祖谦致信汪应辰，关切其定居之地，"而苫雪地，近亦不无当虑者，更觑审处也"。六、七月间，吕祖谦又催问："上饶之居有定议否？"南宋淳熙元年（公元 1174 年）十一月，信州知州赵汝愚建平政桥，汪应辰为之作记。汪应辰还曾为诸溪桥作记。这样看来，汪应辰是动了定居上饶的念头的。

上饶是信州府治，距玉山不过百里，且有信江之便利，"水自玉山历信州而西"；与饶州（府治在今鄱阳）、衢州及福建的崇安（今武夷山市）相邻，辖玉山、永丰（今广丰）、上饶（今广信）、铅山、弋阳、贵溪六县。

由于地理位置优越，北方南渡的官绅人家寓居在上饶城内和近郊者达百户以上。洪迈《稼轩记》："国家行在武林，广信最密迩畿辅。东舟西车，蜂午错出，势处便近，士大夫乐寄焉。"韩元吉也写道："地控闽越，邻江淮，引二浙，隐然实要冲之会。山川秀发，人物繁夥。""并江而东行，当闽浙之交，是为上饶郡。灵山连延，秀拔森耸，与怀玉诸峰，巉然相映带。其物产丰美，土壤平衍，故北来之渡江者，爱而多寓焉。"

遗憾的是，上饶之居最终不了了之。

没有定居上饶，但汪应辰敕封为上饶郡开国侯。南宋淳熙二年（公元 1175 年）二月三日，朝廷批准汪应辰致仕（即退休），上饶郡开国侯封赐保留不变。

严子陵钓台诗碑留墨

南宋淳熙元年（公元 1174 年）八月十一日，汪应辰为严子陵钓台张浚诗碑题跋。

严子陵钓台是东汉古迹，位于浙江桐庐县城南十五公里的富春山麓。因东汉高士严子陵拒绝光武帝刘秀之召，拒封"谏议大夫"之官位，来此地隐居垂钓而闻名古今。

南宋隆兴二年（公元 1164 年）五月二十二日，抗金名将张浚过严子陵钓台，以长枪大戟般的行书，写下两首绝句："古木笼烟半锁空，高台隐隐翠微中。身安不羡三公贵，宁与渔樵卒岁同。""中兴自是还明主，访旧胡为属老臣。从古风云由际会，归欤聊复养吾真。"后来被泐成了诗碑。据考，此字和故宫收藏的张浚《早上封示帖》，笔法、体势甚似。

汪应辰在诗碑后题跋："忠献魏国公，纯孝精忠，贯通日月，充塞天地，既以身任天下之重，至于可以去而去，宜亦与世相忘矣！然而惓惓之义，其根于心者，岂能已哉！此诗盖公舜相位，过严子陵钓台所作。玩味其意趣于言语之表，想象其风采于翰墨之余。庶几得公之心焉。"汪应辰的字，纤锋细管，小楷而清劲。

所存诗碑拓本，可见其左上角断裂，左下角有"东阳范端臣题额"，惜碑额早佚且失拓；汪跋后，加刻有明代正德十四年（公元1519年）题记一行。

在今人一些书法著作中，却有这样的误记："南宋张浚过严子陵钓台题诗碑，系南宋名臣汪应辰所书。汪应辰工诗文书法，其书长枪大戟，师法黄庭坚。"介绍诗碑时，不仅把张浚的字误作为汪应辰的字，忽略了字体比较小的题跋，甚至去掉了题跋。

2013年，诗碑再现于世，惜已裂成九块，经黏合后可知原碑一米七高，约一米宽。在碑背后，发现明代"阮元六过钓台下"等一段文字，即此碑曾经还是"阮元六过钓台下"书碑。

这也是汪应辰翰墨迄今唯一的传世碑刻。

弟兄无六十，珍瘁亦堪惊

南宋淳熙二年十二月十九日（公元 1176 年 2 月 1 日），这一天汪应辰早起，双脚沉重，走路费力。洗漱后家人要扶他，他摆摆手说："我自己走。"

这一天半夜里万籁俱寂，寒气逼人，汪应辰溘然长逝，走完了坎坷的一生，"中夜乃薨，无一语及家事"。

南宋淳熙三年（公元 1176 年）正月十二日，听到汪应辰的讣音，"泪淋浪而莫收"的吕祖谦，即自金华赶到衢州超化寺云山阁。

吕祖谦写下《祭汪端明文》，称赞汪应辰平易近人，宽容大度；学则正统，文则正宗；箪瓢淡泊，简编阙遗；屡起屡仆，守常自如；更侍两朝，大节凛然。

吕祖谦花了两周时间，与汪逢、汪逴兄弟一起，整理汪应辰的文字与旧物。后吕祖谦又写了《端明汪公挽章》二首，"每见公身健，犹令我意宽"，"凋零竟何极，回复岂无端"，"微言藏肺腑，欲吐与谁同"，表达自己缅怀之情。

正月底，朱熹致信吕祖谦："极欲一到三衢，哭汪丈之丧。""汪丈遽至于此，想同此伤叹，此始闻之，犹未敢信，到城中始知果然。此公实为今日善类之宗主，一旦陨没，何痛如之？即欲奔往哭之，又不敢辄至近甸。"

二月初一，周必大赶到衢州，写下《祭汪圣锡尚书文》。

三月二十七日，朱熹自福建崇安（今武夷山市）赴衢州哭祭汪应辰，写下《祭汪尚书文》，"巾素车以即路，越闽岭之崇高。行踽踽而凉凉，孰有如予心之郁陶！"

四月八日，朱熹自衢州前往祖居地江西婺源，顺道又到常山球川的真如轩凭吊汪应辰，并写下了《挽汪端明》三首。朱熹不由动情地说，此生"逢公幸不孤"。

汪应辰和哥哥汪涓病逝时都不到六十岁，后任吏部尚书韩元吉在诗中感叹道："弟兄无六十，疹瘁亦堪惊。"

才未尽其用的一生

汪应辰病逝，是当时政界、学界一大损失。

因为在四川期间的出色政绩，朝野上下对汪应辰出任副宰相的呼声甚高。他的学生吕祖谦说："国家之所倚赖，百姓之所依归，皆无在侍郎丈右者。"侍郎丈指汪应辰，他曾任权吏部、户部侍郎。

南宋名臣王十朋也说："十朋未入四川，闻于士大夫；既入四川，闻于道路之民，都说'成都之治，中和宽大，前此所未有'。此皆侍郎平昔正心诚意之学，无所施而不可者。中外兴言谓'今日可望庙堂佐天子者，无出侍郎之右'。"

自汪应辰入蜀后，再也未谋面的朱熹，在信中写道："今日非阁下，殆不能济东方之事。上天眷顾宗社，救败扶衰之期，非大贤孰能任之。"

十多年来，汪应辰数次与副宰相位置失之交臂。南宋隆兴元年

（公元1163年）十二月，新任右相张浚荐举汪应辰"可备执政"；南宋乾道二年（公元1166年）十二月，叶颙除左相，首荐汪应辰等人"备执政"；南宋乾道六年（公元1170年）五月，汪应辰出守平江（今江苏苏州），左相陈俊卿上奏说："应辰刚毅正直，乞留之。"并荐举汪应辰"可为执政"；南宋乾道七年（公元1171年），刘珙拜中大夫、同知枢密院事，请辞不获，进言道："汪应辰、陈良翰、张栻学行才能，皆臣所不逮，愿亟召用。"

而四川安抚制置使、宣抚使确实多提拔为副宰相，汪应辰的前任王刚中，其后任虞允文、史浩、王炎都是。曾任右相的史浩说："汪应辰备此数德，皆世表仪，独于济时行道，则若有物尼其足而不得驰。"

在学界，汪应辰被尊称为"玉山先生"，有"宗主""黄钟大吕""泰山北斗"之称。

朱熹是这样评价汪应辰的："惟公学贯九流，而不自以为足；才高一世，而不自以为名；道尊德备，而不自以为得；位高声重，而不自以为荣。"又说："巍乎其若嵩、岱之雄峙，浩乎其若沧海之涵渟！"吕祖谦说："其任重，则轶材绝识不能足其志；其道远，则贵名显仕不能留其行。"

南宋初期学者、教育家张栻说："公之盛名，盖四十年，有如黄钟大吕，岿然在悬，使未考击。"周必大说："自公之退也，有毁有誉，而是非则可考矣。及公之殁也，无爱无憎，而莫不为之凄然！"又说："天之生公，谓无意耶，何逢时之早而降才之全！谓有意耶，何初若成就而终于弃捐！"

　　《宋史》对汪应辰有这样的评价："学术精醇，尤称骨鲠。""历诋奸佞，直言无隐，皆事上忠而自信笃，足以当大任者，惜不能尽其用焉。"

◎玉山端明小学（廖端胜 摄）

◎2020年12月31日，玉山县紫湖中学举行"汪应辰状元奖学金"签约仪式
（颜高明　摄）

◎作者在"汪应辰状元奖学金"签约仪式上致辞
（颜高明　摄）

归葬常山球川

汪应辰依母而葬。

汪应辰的母亲鲁夫人于南宋绍兴二十七年（公元1157年）八月去世，安葬在娘家常山球川石潭头（今球川镇南水口象鼻山麓）。"山环成球，水汇成川"，故名球川。球川溪，在今玉山双明与流经汪应辰出生地汪坞的溪水会合，流入玉山，是浙西唯一一条东水西流注入长江流域的溪流。

当初汪应辰为母亲守孝时，曾在母亲墓旁搭盖一间小屋（即庐墓），汪应辰为之取名"真如轩"。汪应辰葬此后，"真如轩"成了他自己的坟庵。南宋诗人杨万里有诗《题汪圣锡坟庵真如轩在玉山常山之间》："玉山先生携老禅，把茅结庵开小轩。身前身后来醉眠，一醉不醒三千年。先生杖屦半宇宙，每到此轩去还又。"

汪应辰生前在母亲墓地边上种了许多竹子，杨万里在同一首诗中又写道："向来种笋今排天，先生手痕故依然。"南宋楼钥《寄题汪端明坟庵真如轩》写道："山藏佳处竹藏庐，见说离家百里余。"朱熹的《熹次延之年兄韵，敬题绍德庵真如轩，写呈伯时季路二兄》"先生可是爱吾庐，来往邻庵几闰余。柏下竟开千岁室，竹间犹插万签书"，也说到了竹子。

后来，汪应辰的夫人喻夫人封齐国太夫人，卒于南宋庆元六年（公元 1200 年）五月，享年八十，与汪应辰合葬于此。

元代苏天爵在《端明书院记》中有记述："公殁盖百余年，丘墓隔于异乡。"

汪应辰墓今不存。

高宗御书，"汪家二宝"

有两幅与汪应辰有关的宋高宗御书，被称作"汪家二宝"。

宋高宗很像他的父亲宋徽宗，都是误生于帝王家的文人。宋徽宗热爱画花鸟画，自创一种书法字体"瘦金体"。宋高宗精通诗词与音乐，擅长书法、绘画，志趣一直在笔墨方面，是一位相当勤于学习书法的皇帝。

一幅是《绍兴五年御书廷试策问》，即汪应辰参加殿试时的考卷。这幅御书先是从宫中流出，几经辗转，后偶为汪应辰次子汪逵得为私藏。汪逵说："这大概是天意吧，上天将它赐作我们的家宝。"

另一幅是《御书中庸篇》。南宋绍兴五年（公元 1135 年）九月十九日，有官员进言宋高宗，请求依照北宋雍熙年间宋太宗的做法，赐新科状元《儒行篇》以示激励。宋高宗表示同意，并主动提出添赐《中庸篇》，令秘书省对两篇文章进行校勘。二十二日，又有官员入奏："《儒行篇》夸大其词，似战国纵横之学，决非圣人格言，建议只赐《中庸篇》一篇。"宋高宗认为在理，于是花了十天时间，写就三千五百余字的《中庸篇》，十月四日赐予汪应辰。这幅御书，汪应辰曾有遗言："留给次子汪逵。"

翁婿状元，同掌吏部

汪应辰的大女婿郑侨，是南宋乾道五年（公元 1169 年）状元。

南宋淳熙十六年（公元 1189 年），郑侨出使金国。郑侨到金国时，正好金主有病在床，不能接见。一天，金大臣带郑侨入宫探病。进了金宫，郑侨抬头一看，要进的宫门不是正门，而是东面阁门。他立即停住不走，手捧着大宋皇帝诏书定定地站在门外。金大臣说："进来啊。"郑侨大气凛然地说："不，这东阁门是你们金大臣上奏进入的门。我今天奉大宋皇帝出使来此，应该走正门。"金大臣笑道："大宋已灭，皇帝都成了我们的俘虏，你不是来这里进贡的吗？还摆什么大国的臭架子？"郑侨说："我大宋文明上国，礼仪之邦，现如今看你漠北贫穷至极，才以金银物资相赐，你们却敢如此不尊，口出狂言！"金大臣冷笑着说："今日在我宫中，你进也得进，不进也得进，难道你不怕死吗？"郑侨微微一笑，朗声说道："辱命之罪，死不足赎。"金兵仗势推他，但他如落地生根，就是不从东阁门进入。从早上到中午，又从中午到下午，郑侨非进正门不可。没有办法，金大臣只好叫他归回驿馆。晚上，金国又派人威胁郑侨，郑侨始终不屈服。金大臣只好向金主禀报，病中的金主佩服郑侨的胆识，吩咐好生招待。

南宋绍熙五年（公元 1194 年），郑侨被召为吏部尚书，官与岳父同职。郑侨先后上《乞定宗庙万世之礼奏》《论太庙僖祖之位奏》《论僖祖当立别庙奏》，妥善解决了宋太庙"排序"的问题。此前，由于宋高宗无子嗣，孝宗得以继位，而孝宗是宋太祖赵匡胤后代。宋孝宗在位时感激高宗禅位，从不讨论太庙"排序"之事。孝宗去世，太庙"排序"的敏感问题不断被提出讨论，没有结果。郑侨还参与拟定宋孝宗的庙号，奉旨题写了孝宗神位。

后，郑侨官至副宰相，"望重两朝，才高众俊。以三代之文，掌我帝制；以六经之学，格于君心"，"学问本于醇正，进退得于从容；遣以交邻，义不辱于君命"。

郑侨擅长行草，一生著述颇丰，著有《历官表奏议》十卷、《书衡》三篇、《西垣词稿》十卷等，多已失传，目前仅从各类史籍中收集到郑侨奏书等作品十九篇。

父子尚书，大小端明

汪应辰次子汪逵是南宋乾道八年（公元1172年）进士，"恪守家法，博学多识，绰有父风"。

汪逵任国子司业时，荐举舒璘为教官，别人有不同的看法。汪逵说："吾职当举教官，舍斯人将谁先？"舒璘后被誉为"当今第一教官"。南宋庆元元年（公元1195年），韩侂胄掌朝权，斥理学为伪学，知名士多遭贬逐。六月，时任国子司业的汪逵因上札抗辩被夺职，后闲居凡七年。

南宋嘉定元年（公元1208年）始，汪逵历任太常卿、秘书少监、权工部侍郎、礼部侍郎、吏部侍郎、权工部尚书、权吏部尚书，并兼太子詹事、同修国史、实录院同修撰。南宋嘉定五年（公元1212年）十一月，终官与父同职，任吏部尚书，后除端明殿学士。

元代郑杓、刘有定在《衍极并注》中记述："郑回溪娶大端明玉山之女，其子肯亭复为小端明婿。"郑回溪，即郑侨；肯亭，即郑寅。郑寅娶舅父汪逵的女儿为妻，而汪逵当年也是娶自己舅父喻仲远的女儿为妻，在古时是谓"亲上加亲"。

朱熹的回忆

南宋绍熙五年（公元 1194 年），朱熹应邀在玉山县学讲学，留下了著名的《玉山讲义》。

当时的朱熹官场失意，进朝为新皇帝宋宁宗讲解经书要义，仅四十六天便遭免职。朱熹将愤懑化为动力，让玉山学子们享受了一顿千载难逢的思想大餐。

朱熹着重阐发为学宗旨："圣贤教人为学，非是使缀缉言语，造作文辞，但为科名爵禄之计"，应是"格物、致知、诚意、正心、修身，而推之以至于齐家、治国，可以平治天下，方是正当学问"，并就学者所问，而发明理学道义。

朱熹说，"性之所以为体，只是仁义礼智信五字，天下道理不出于此"；指出"仁之一字须更于自己分上实下功夫始得"；告诫学者不可尊德性而忘却"道问学一段事"，"君子之学既能尊德性以全其大，便须道问学以尽其小"。

在《玉山讲义》中，朱熹对汪应辰有一段深情的回忆："熹又记得昔日曾参见端明汪公，见其自少即以文章冠多士，致通显而未尝少有自满之色，日以师友前辈多识前言往行为事，及其晚年德成行尊，则自近世名卿鲜有能及之者，乃是此邦之人。诸君视之，文人行耳，其遗风余烈尚未远也。"

◎2021年4月26日，玉山县紫湖镇张岭小学组织排练汪应辰题材情景剧
（图片由紫湖中心小学提供）

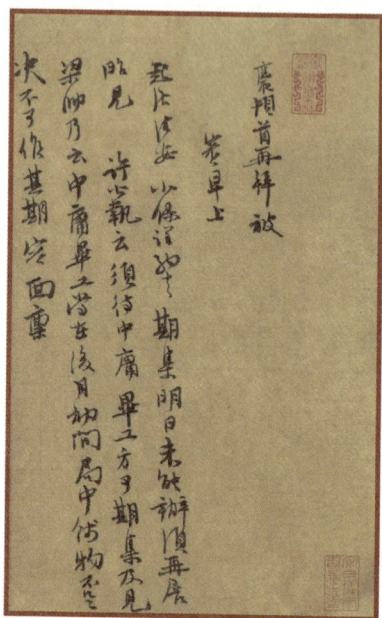

◎汪应辰书法：《中庸毕工帖》（局部）

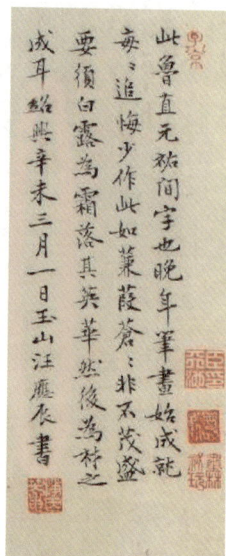

◎汪应辰书法：跋黄庭坚《砥柱铭》

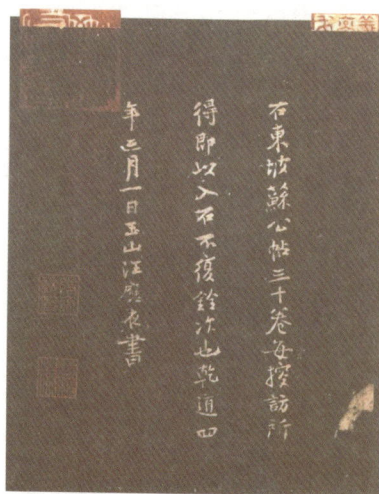

◎汪应辰书法：跋《东坡苏公帖》

谥号"文定"

汪应辰去世后七十三年，南宋淳祐八年（公元 1248 年），朝廷从信州（今江西上饶）郡守章铸之请，命礼部议定汪应辰谥号。

谥号，指古人死后依其生前行迹而为之所立的称号。帝王的谥号一般由礼官议上，臣下的谥号由朝廷赐予。一般文人学士或隐士的谥号，则由其亲友、门生或故吏所加，称为私谥。

太常寺博士牟子才写了一篇《谥议》，建议依"道德博文曰'文'，纯行不爽曰'定'"，谥汪应辰"文定"。道德博文指博学多才、道德高尚，纯行不爽指品德纯正、刚正不阿。牟子才在《谥议》中，称汪应辰"声名在天下，义理在人心"，"有力于圣学，有功于世道"。

朝廷诏许。

从文官来说，单谥"文"的，是最高谥号，历史上仅韩愈和王安石两个人。王安石之后，"文正"便是对大臣的最高谥号。"文定"低于"文正",但自北宋初至淳祐年间,也只有曾巩、苏辙、张方平、胡安国四人得此谥号。

故后世又称汪应辰为"汪文定公"。

半部《文定集》

汪应辰学贯九流，博综诸家，著述颇丰，但今多不存。在今人编著的《全宋文》中，仅收其文五百一十二篇。

《文定集》又名《汪文定公集》《汪文定集》《玉山文集》《玉山集》等，成书于元末明初，最初有五十卷。此集篇幅较多的是奏议、制等，也即在一些历史书目中所提及的《玉山翰林词草》五卷、《翰林词章》五卷、《玉山表奏》一卷、《玉山先生表奏》六卷、《汪端明内制》等的主要内容。

明代弘治六年（公元 1493 年），学士程敏政以个人之力抄出十二卷，有刻本流传于民间。程敏政对汪应辰赞美有加，惋惜知之者太少："盖其所见之高，所立之卓，所得之粹，诚一时硕儒。"明代嘉靖二十五年（公元 1546 年），玉山进士夏浚将十二卷本补充内容编成十三卷本（附录一卷）。

　　清代乾隆年间，四库馆臣认为"今世所行，皆从程本传录、不见完帙者已二三百年。今考《永乐大典》所载，为程本不载者几十之四五。盖姚广孝等所据之本，即敏政所见之内阁本。而敏政取便抄录，所见太狭，故钜制鸿篇，多所挂漏"，谨以浙江所购程本与《永乐大典》"参互比较，除其重复，增所未备，勒为二十四卷"，"较五十卷之旧，业已得其大半。计其精华，亦约略具于是矣"。

　　1935 年 12 月，商务印书馆出版《文定集》（四册）；现今整理的版本还有中华书局 1985 年发行的《丛书集成初编》本和玉山县政协点校、2009 年由上海学林出版社出版的《文定集》，实际上都只是原集大半部。

一本《石林燕语辨》

除《文定集》外，汪应辰还有一本专著《石林燕语辨》（十卷）传世于今。

《石林燕语》是北宋末年到南宋前半期著名词人叶梦得所撰，为宋代史料笔记丛书之一种，共计十卷，记叙朝章国典、旧闻时事、朝野故事等。由于时局动荡、图籍散失、资料匮乏等原因，此书有不少讹谬之处。

汪应辰对《石林燕语》逐卷逐条加以考辨，得辨文二百零二条，成《石林燕语辨》一书十卷。学者认为，汪应辰在辩驳时，从历史事实出发，十分讲究证据，常常是先提出证据，再加以辩驳，让人觉得真实可信。南宋嘉泰二年（公元 1202 年），此书被刊入《儒学警悟》丛书。然自南宋末，历元、明、清，此书却流传甚稀。一直到清代光绪三十四年（公元 1908 年），长沙叶氏观古堂本《石林燕语辨》付梓，世人才得以重见。

　　1936年，商务印书馆出版《丛书集成初编》，收有《石林燕语辨》；1984年，中华书局将《石林燕语》及《石林燕语辨》一并点校出版。这是迄今发现汪应辰唯一的专著，具有较高的史学价值，在学术上具有重要的地位。

　　此外，汪应辰至少还有《二经雅言》二卷、《唐书列传辨证》二十卷等专著，惜早已失传。

《宋元学案》立"玉山学案"

  《宋元学案》始编于清代康熙十五年（公元 1676 年），全书一百卷，以学案形式收入宋元理学史上有过重大影响的理学家和学术流派。所谓"学案"，就是介绍各家学术而分别加以按断（按与案同），即加以评说、论断的意思。

  理学是一种新儒学，它既继承又改进了传统儒学。

  相比于传统儒学，理学更带思辨性，理论上更为精致周密，促成了儒学发展史上的一大转变。南宋后期和元代，理学逐步确立其学术上的主导地位，并进一步上升为官学，理学著作成为科举考试必须依据的程式；奉儒学特别是理学为正统学术，而视佛道为异端。

  《宋元学案》大体反映了宋元时代这一从传统儒学向新儒学转变的过程，对于每一位比较重要的学者，都写有一篇较详细的传记，然后选录了他们的著作和言论（语录）。

《宋元学案》卷四十六，即为介绍汪应辰的《玉山学案》。由此，后世称汪应辰创立了"玉山学派"。

◎汪应辰跋张浚《过严子陵钓台》诗碑（左，小字部分）

◎《吉水县丞厅记》碑

衢州 "六贤堂"

南宋嘉熙年间（公元 1237—1240 年），在衢州西安县治东建有"六贤堂"，郡人祀赵鼎、范冲、马申、汪应辰、刘颖、汪逵。

六贤中，只有刘颖是衢州人。此人为官不附权贵，曾说："士以不辱身为重。"其他五人均是南宋时期的贤能官员，赵鼎是名相；范冲是著名史学家，曾负责重修神宗、哲宗两朝实录；马申身为监察御史，敢于反对张邦昌"伪楚"政权，发出"吾今日不爱一死"的呼声。

而汪应辰、汪逵父子六贤居二，可见他们在衢州的影响力。

明代天启二年（公元 1622 年），"六贤堂"址改克斋先生讲舍，又称克斋书院。

玉山端明书院

元代至正十年（公元 1350 年），玉山县建"汪文定公书院"，后改称"端明书院"。元代后期著名儒臣代表苏天爵在《端明书院记》中称汪应辰："真可谓一代之硕儒，天下后世皆当景仰也。"

明代景泰三年（公元 1452 年），端明书院重建，然"故址已莫辨"。正德十六年（公元 1521 年），端明书院作修葺。万历九年（公元 1581 年），朝廷诏革天下书院，端明书院遂为官府传舍之区；后玉山建有端明祠。

至清代，康熙三年（公元 1664 年）于端明书院故址重建，改称怀玉书院，"额从朱子，祀列汪公"；康熙五十三年（公元 1714 年），书院增祀寝、讲堂、书廪；乾隆二十三年（公元 1758 年）十月，复名端明书院，以示区别于怀玉山上的怀玉书院；乾隆五十七年（公元 1792 年），端明书院移至城南武安山麓，普宁寺左。巧的是，汪应辰生前为家乡玉山作《昭烈庙记》，昭烈庙就在普宁寺右。

清代咸丰年间（公元 1851—1861 年），端明书院毁于兵；同治二年（公元 1863 年），县人梁以拔及其子侄将位于城南殿口岳峰家塾捐作端明书院；光绪二十八年（公元 1902 年），端明书院曾修葺。

玉山今存端明书院遗迹，并有多处冠以汪应辰、端明的雕塑、道路、学校。

永嘉屿北"飞来墓"

浙江永嘉县岩坦镇屿北村，有一座汪应辰、汪应龙兄弟合葬墓，当地俗称"尚书坟"。

新墓园竣工于 2013 年 4 月，占地面积约二千一百平方米，有全新的石牌坊、石狮子、六角亭、圣旨碑、旗杆石、石马、石虎、石羊等构筑物，很气派。

屿北汪氏称，南宋时汪应辰携其弟汪应龙自玉山小叶村潜隐至此，是他们的第一世始祖。故，墓碑刻"宋玉山派菰田汪氏第一世祖应辰应龙公墓"；牌坊正面刻"宋状元吏部尚书端明殿学士并侍读汪应辰""宋进士奉议大夫开国侯汪应龙"，以及"大学士、开国侯""状元、进士"；牌坊上两副楹联，一为"兄占鳌头官封吏部，弟登雁塔爵主功侯"，一为"尚书清节衣冠后，高士逸情耕读间"；牌坊背面也有两副楹联，一为"童子文章惊帝座，状元甘雨沛禾苗"，一为"汪芒裔胄源流远，越国簪缨世泽长"，横批"继往开来"。

数百年来，屿北虽以"楠溪耕读村，状元归隐地"自居，但在2001年以前，永嘉县官方一直坚持，"虽然永嘉汪氏宗谱里有汪应辰归隐屿北的记载，但不能作为正史的依据，这也是迟迟没有编入《永嘉县志》的原因"；永嘉历代旧县志也没有汪应辰墓的只字片语记载，可见治学治史之严谨。

因2001年屿北村发现与汪应辰归隐及坟墓并无任何直接关联的清代"尚书祠"及"世尚书"匾额等文物，2003年9月新编《永嘉县志》时，在"人物传略"中贸然记述：汪应辰"致仕后隐居永嘉菰田"，"淳熙三年（公元1176年）卒于家，与其弟应龙合葬于岩坦镇屿北村后棠垟（县文物保护单位）"。

有了《永嘉县志》的"撑腰"，屿北汪氏就更有了底气。继2000年重修供奉汪应辰、汪应龙、汪逵三公的"汪氏大宗祠"后，建成了这座汪应辰、汪应龙兄弟合葬墓新墓园。除了新墓园，他们还将在屿北村口的山崖上安放一座花岗岩雕成的汪应辰坐像。

从迄今能读到的汪应辰《文定集》以及有关汪应辰文献资料看，汪应辰只有一个哥哥一个姐姐，并无弟弟。且历代江西省及玉山县进士名录，均查无"汪应龙"；而汪应辰逝世后归葬常山球川的史料十分充分，近年已得到初步考证。毫无疑问，屿北所谓汪应辰、汪应龙兄弟合葬墓是一座假墓。

屿北民间这样的做法可以理解，但《永嘉县志》不辨真伪，以假乱真，实不应该。

更不应该的是，2005 年 3 月新编《玉山县志》时，竟然也补录了一段有关汪应辰的不当记述："绍兴十一年……却被秦桧指使死党加害于应辰。为此，他的家人被迫徙迁浙江永嘉山区楠溪。"这段记述与《永嘉县志》莫名其妙地遥相呼应，却同样不符史实。从南宋绍兴九年（公元 1139 年）五月至南宋绍兴十七年（公元 1147 年）春，汪应辰寓居永年院，凡八年。其间，家人当一起在永年院生活。汪应辰曾写道："屏居山林，正得其所，仰得以奉二亲之欢，俯足以考究前言往行，以求其志，造物于我亦不薄矣。"南宋绍兴二十年（公元 1150 年）五月，汪应辰从袁州（今江西宜春）调任静江府（今广西桂林），"袁倅终更，公寄孥于外舅以就食"。外舅即岳父，汪应辰把家眷送去居于光福（今苏州市吴中区）的岳父喻樗家了。而老母亲，则随哥哥汪涓去黄州（今湖北黄冈）生活。南宋绍兴二十六年（公元 1156 年），汪应辰说起："又以老母前此随家兄在黄州，一别七年，今年七十有七矣，近方正母子之名。"

汪应辰、汪应龙兄弟合葬墓虽假，屿北汪氏对汪应辰的情感和尊崇却不容置疑。况且从清代光绪《永嘉县志》"宋吏部尚书文定公应辰之后自玉山徙居邑之菰田屿北"的记述看，屿北汪氏与汪应辰确有渊源，故称这座墓为"飞来墓"。

如果不拙劣地做"汪应龙"文章，而是纯粹地以后人名义为纪念汪应辰而建"飞来墓"，口碑一定会更好。

◎永嘉屿北汪应辰"飞来墓"墓园牌坊（林承杰　摄）

◎永嘉屿北汪应辰"飞来墓"墓碑（林承杰 摄）

附录

在玉山县纪念汪应辰诞辰九百周年
学术座谈会上的发言

（2018 年 12 月 15 日）

各位老师、各位来宾：

我今天的发言题目是《宣传纪念汪应辰值得关注的几个问题》。

汪应辰是一位有研究价值的历史人物。我非常赞同庞现贵在《汪应辰书信研究》（广西师范大学研究生论文，2014 年 6 月）一文中提出的看法，即与其同时代的许多著名人物，或在政治，或在理学、文学上，取得了为后世所瞩目的成就，但与之相较，唯有汪应辰一人既身居高位，又在理学和文学上都做出了相当的贡献。

出于对汪应辰的敬仰，几年来，我阅读了一些著作、文章、资料，力所能及地做了一些研究、考证工作，并于 2018 年 9 月出版了《走近汪应辰》一书。这本书学术的含金量还不够高，其意义在于对汪应辰的宣传、纪念。值玉山县举办纪念汪应辰诞辰九百周年学术座谈会，我将近期对若干问题新的研究、新的发现、新的思考整理出来，既求教于方家，或亦有益于宣传、纪念汪应辰。

一、关于"中国历史上最年轻的状元"

此前，我持"汪应辰是'中国历史上最年轻的状元'之一"观点，故在《走近汪应辰》书中"汪应辰简介"即作如此介绍。之所以加上"之一"二字，主要是参考了王鸿鹏的《中国历代文状元》（北京，解放军出版社，2004年1月）、祖慧的《中国历代名状元传》（杭州，杭州出版社，2005年3月）、侯福兴的《中国历代状元传略》（北京，中国人事出版社，1998年12月）等书，并重点参考了侯福兴的《中国历代状元传略》。

从这本《中国历代状元传略》看，中国历史上有生卒年可考的状元，最年轻的为十七周岁，连同汪应辰在内共有四人。另三人为：唐代的贾至、莫宣卿，元代的泰不华。贾至（718—772），字幼邻，谥文，今河北冀县人（一说河南洛阳人），于唐玄宗开元二十三年（735）考中状元；莫宣卿（834—868），字仲节，号片玉，谥孝肃，今广东封开县人，于唐宣宗大中五年（851）考中状元；泰不华（1304—1352），又名泰普化、达普化，姓伯牙吾台氏，字兼善，西域色目人（哈萨克族），随父居浙江台州，于元至治元年（1321）考中右榜状元。

先说贾至。现在看，贾至并非状元，开元二十三年（735）状元其实为贾季邻，《中国历代状元传略》之出处应当有误。据孙映逮的《唐才子传校注》（北京，中国社会科学出版社，2013年10月）、周本淳的《唐才子传校正》（南京，江苏古籍出版社，1987年1月）、傅璇琮的《唐才子传校笺》（北京，中华书局，1987年5月），这三本书的卷二《李颀》条正文皆为："李颀，东川人，开元二十三年贾季邻榜进士及第……"贾季邻与贾幼邻一字之差。又据新、旧《唐书》记载，贾至"擢明经第"，即明经出身。明经与进士二科为唐朝科举的基本科目，但因明经科内容较浅，进士科较难，时人重进士而轻明经，有"三十老明经，五十少进士"之说。而贾季邻生卒年不详，其官亦做得不大，乃区区长安县主簿。

再说莫宣卿。从公开资料看，称莫宣卿为"中国历史上最年轻的状元"有不少。然而，对莫宣卿是否是状元，是存有争议的。周腊生的《再谈〈历代状元知多少〉》（刊于《大学教育科学》2008年第6期）、《历代状元知多少》（刊于《湖南大学学报》2001年第3期），浅水的《莫宣卿并非状元》（刊于《湖北职业技术学院学报》2003年第2期）等，均认为莫宣卿是"制科第一"，但不是状元。吴敏娜的《广东籍制科状元莫宣卿》（刊于《岭南文史》1999年2期），则冠以前缀"制科"，称"制科状元"。制科即制举，又称大科、特科，属于临时设置的考试科目。又据元代辛文房《唐才子传》记载，"郑嵎，字宾光，大中五年李郜榜进士"。大中五年状元为李郜，今河北元氏县人。而清代徐松《登科记考》卷二十二中则记载，"大中五年，进士二十七人，又三人，状元李郜。诸科二十二人"，"制科莫宣卿"，但又谓"是年设科无考，制科第一，据此亦得称状元"。徐松说"亦得称状元"，是符合唐代社会实际的。在唐代，状元远不如宋代中期以后那样受优待与重视。"状元"除了用指礼部试或省试第一人之外，不要说"制科第一"的人可以用，还被用来泛指新进士。如唐代郑谷及第后，作《宿平康里》诗"好是五更残酒醒，耳边闻唤状元声。"郑谷当年是第八名，而不是第一。为此，柳珪作《送莫仲节状元归省》诗，称莫宣卿为"状元"也就不足为奇了。我赞同周腊生、浅水、吴敏娜等人的观点，只有进士科第一名才是状元；其他无论明经科、制科，包括诸如秀才、俊士、明法、明字、明算等数十种科目的第一都不算状元，否则状元就太多太滥。倘非要算，就要严格地加上前缀，如武状元、制科状元等，以示区别。

至于泰不华，因元代科举分为左右榜：蒙古人、色目人列右榜，为上；汉人、南人列左榜，左右榜状元各一名。考试内容则蒙古人、色目人较易，而汉人、南人较难。这一制度带有明显的民族歧视性质，所以右榜状元不足以与真正的状元相提并论。

综上所述，我认为提"汪应辰是中国历史上最年轻的状元"实至名归，可以去掉"之一"二字，今后要理直气壮地提。

二、关于"翰林检阅汪应辰"

翰林检阅，宋代设置，属史官类，掌点校书籍。入选翰林院被称为"点翰林"，是非常荣耀的事情。那么问题来了，玉山汪应辰有没有担任过翰林检阅？

据《宋史·高宗五》《宋史·孝宗二》《宋史·汪应辰传》、

汪应辰《文定集》、宋代楼钥《宋汪文定公行实》、宋代吕祖谦《东莱集》（附录卷一）"年谱"、清代道光三年刻本《玉山县志》之"艺文志·汪文定公家传"、《玉山文史资料》（第九辑，县政协教文卫体学习文史委员会编，2004年9月）及史湘云的《汪应辰文学创作研究》（沈阳师范大学研究生论文，2013年6月）之附录"汪应辰生平事迹编年简表"等资料，我大致梳理了一下"汪应辰年谱"：

北宋重和元年（公元1118年）十一月十四日，汪应辰出生；

南宋绍兴五年（公元1135年）九月五日唱名，汪应辰考中状元，赐进士出身；

南宋绍兴五年（公元1135年）十月至绍兴九年（公元1139年）五月，汪应辰除左承事郎，正八品，先后授镇东军签判、秘书省正字；

南宋绍兴九年（公元1139年）五月至绍兴十七年（公元1147年）春，汪应辰请祠，凡三主管台州崇道观，闲居常山永年院八年；

南宋绍兴十七年（公元1147年）春至绍兴二十年（公元1150年）五月，汪应辰以左承议郎添差通判袁州，主管学事、兼管内劝农营田事，从七品；

南宋绍兴二十年（公元1150年）五月至绍兴二十四年（公元1154年）春，汪应辰仍以左承议郎通判静江府，从七品；

南宋绍兴二十四年（公元1154年）春至绍兴二十五年（公元1155年）十二月，汪应辰自岭峤北归玉山，期间改任左朝散郎、广州府通判，未赴，仍是从七品；

南宋绍兴二十六年（公元 1156 年）正月至绍兴二十七年（公元 1157 年）八月，汪应辰先后除从六品的尚书吏部郎中、正六品的右司郎中，以直秘阁知婺州军事，从五品；

南宋绍兴二十七年（公元 1157 年）八月至绍兴二十九年（公元 1159 年）十一月，汪应辰丁母忧；

南宋绍兴二十九年（公元 1159 年）十二月至绍兴三十二年（公元 1162 年）七月，汪应辰历官秘书少监兼权国子司业，权尚书吏部侍郎兼权国子祭酒，权尚书户部侍郎兼侍讲，擢至从四品；

南宋绍兴三十二年（公元 1162 年）七月至隆兴二年（公元 1164 年）五月，汪应辰知福州军州事、提举学事兼管内劝农使，充福建路安抚使、马步军都总管，除敷文阁待制，从四品；

南宋隆兴二年（公元 1164 年）五月至乾道四年（公元 1168 年）三月，汪应辰除四川安抚制置使兼知成都府，并短暂代理宣抚使，擢敷文阁直学士、宝文阁学士，官至从三品；

南宋乾道四年（公元 1168 年）十月至乾道六年（公元 1170 年）四月，汪应辰担任吏部尚书、翰林学士修国史兼侍读，从二品；

南宋乾道六年（公元 1170 年）五月至九月，汪应辰以端明殿学士、左中奉大夫知平江府，降为正三品；

南宋乾道六年（公元 1170 年）十月至淳熙二年（公元

1175 年）十二月，汪应辰以端明殿学士奉祠，退隐衢州，不复再起。

由此观之，玉山汪应辰一生仕途，始于左承事郎、镇东军签判，历官袁州（今江西宜春）、静江府（今广西桂林）、婺州（今浙江金华）、福州、四川、平江府（今江苏苏州）、临安（今浙江杭州）等地，做过秘书省正字、州通判、秘书少监、权吏部侍郎、权户部侍郎、国子司业、国子祭酒、知州（知府）、安抚制置使、宣抚使、吏部尚书、翰林学士修国史兼侍讲等官，最后以端明殿学士致仕，并未担任过翰林检阅。

之所以强调是"玉山汪应辰"，显然，另有一个非玉山的汪应辰。据浙江淳安《汪氏得罗公正脉统宗谱》记载，确另有一个同名同姓同时代的汪应辰，姑且称其彼汪应辰。彼汪应辰，字伯献，南宋遂安（今浙江淳安县）岐山（在淳安县姜家镇郭村）人，绍兴间仕建康府教授，后官至翰林检阅，其后人坪川（时属遂安七都）五世孙汪魁仕称其"博学文词，卓然克备，居一等官，词林要地，肃乎其仪，伟乎其器。为公后者，瞻其貌而想其神，凛乎如有生气"。谱中又载汪魁仕"仕宋绍兴时茶局大使"，若此，"五世同朝而官"则不太可能，当为误传。

两个汪应辰，切不可混为一谈，张冠李戴。

三、关于汪应辰故里

这本来不是问题。

汪应辰是玉山小叶汪坞人，《江西省玉山县地名志》（1983

年10月出版）记载："汪坞，在徐家店南偏东九公里山坞里。十四户，八十三人。北宋（公元960—1127年）汪姓建村，名汪坞。系状元汪应辰（端明）故乡，后单、桂、查三姓迁入，沿用原名。"这支汪姓出自新安婺源（今江西婺源），明代夏浚在《刻〈汪文定公集〉叙》中提到："公先世自新安徙玉山，遂世为玉山人。"汪应辰曾写过《赠婺源汪氏》："曾执干戈卫鲁邦，颍川家世愈芬芳。扶疏枝叶连江浙，烜赫功名冠魏唐。卓荦高才当企及，青精一饭故宜偿。获通谱系诚倾盖，昭穆从斯永不忘。"为此，后世尊称汪应辰"玉山先生"。

但浙江龙游县有一个团石村相当执着，《团石汪氏宗谱》及《古今人物表》中，均将汪应辰列入最初入衢的汪氏始祖汪处崇第十四代孙。这个村坐落于龙游县小南海镇，南临衢江，汪姓人家在数量上占绝对优势。他们说："在团石，在汪家的先人里面，有一个名字是非常非常的熠熠生辉的，那就是南宋状元汪应辰。汪应辰于幼时和少时是的的确确生于斯长于斯的，只不过后来随母去了玉山落户，随后以玉山县户籍高中了状元。但他是团石汪人的嫡亲嫡亲的儿子，却是永远抹不去的。"近些年，以状元村、古商埠及孝节坊三大文化品牌为亮点的"团石历史文化村"项目正在有序推进。一些衢州史料推波助澜，刊载"两宋衢州状元"，亦称：汪应辰，龙游县人，南宋绍兴五年（公元1135年）以玉山籍中状元。

我留意到，2018年9月28日，龙游县团石村举办首届状元文化节，称"团石村是个文化古村，历史悠久，地灵人杰……宋朝又出了状元汪应辰"，宣传"金秋丹桂香 最美团石湾 带你一起梦回'状元故里'"，举行开蒙礼仪式，正衣冠、洗净手、行拜师礼、朱砂启智；还通过状元礼、诵三字经、国学礼赞等形式，以史励志，以文化人。10月17日《今日龙游》刊发署名慧一文的文章《"焚券传善"的故事》，称"团石村是南宋状元汪应辰的故里，位于衢江北岸，因汪姓乃村中第一大姓，也名团石汪……盈盈衢江，哺育着一方百姓，也养就了状元后裔的人品素养"。

尽管这只是情感，不是学术；只是民间的声音，而非官方的认定。但必须引起关注，尤其是玉山的关注。

对于玉山小叶汪坞，一个大问题是，汪坞已无汪姓；第二个大问题是，迄今没有发现任何历史遗存。如再加上今人不知珍惜"汪坞"之"汪"，任其湮灭，鲁迅先生有一句非常著名的话："其实地上本没有路，走的人多了，也便成了路。"将来的一天，待新造之团石状元村成形，龙游会怎么做，不得而知。这正是我的隐隐之忧。

四、关于汪应辰墓

我在《走近汪应辰》一书中已有观点："汪应辰墓在今浙江常山县球川镇象鼻山"。我赴实地考证时，是将注意力集中在了半山腰。不久前，雷利荣、刘丕云赴实地考证，并撰写了《南宋状元汪应辰墓考》，提出其墓在象鼻山麓（即他们直接依古称"白象山"之麓）的观点，我很认同。

五、关于汪应辰作品拾遗

2009年2月，玉山县政协整理出版汪应辰的《文定集》，增补了四篇奏议、十首诗。2013年夏，吕珺、毛传寿发现了《吉水县丞厅记》碑文。

我在查找、收集资料的过程中，也有所收获。据清道光二十六年（公元1846年）版本《豫章罗氏大成谱》，赐进士及第袁州通判玉山汪应辰为罗氏哀忠台撰过《哀忠台记》，落款时间为南宋绍兴十七年（公元1147年）；清同治十一年（公元1872年）版本《广丰县志》"艺文·记"收有汪应辰的《鹤峰庙记》；南宋绍兴二十年（公元1150年），汪应辰赴桂林任职途中，曾写有《十月二十六日，会于北禅，分韵赋诗，应辰得多字，吕治先酒熟，亦欲会客，故末意及之》。此外，还有汪应辰《题福州马江天后宫》楹联等。

估计有不少研究者，手中也有一些发现，这些作品有利于将来进一步完善汪应辰文集。如果能有相关部门牵头，尽早予以整理编辑，实在更好不过。

六、题外

玉山县是闻名全国的"博士县"。但历史上，汪应辰是玉山县第一个状元，也是玉山县唯一一个状元。因此，无论从文化、教育、历史传承来讲，对这样一个玉山先贤人物的重视、挖掘、宣传、纪念，需要有更多的动作、更丰富的内容、更有效的方式、更广泛的关注。

在讲好应辰故事方面，前有永嘉，后有龙游；在打造状元文化方面，"生于龙游，葬于永嘉"。那么玉山呢？

我还是想提一提我2018年7月曾经提出过有关擦亮汪应辰这张文化名片的几点建议，尽管有的已经"时过境迁"。这些建议都是给玉山的：一是文苑中学改名端明中学；二是玉（山）紫（湖）

公路枫叶村渡口树立醒目牌子"状元故里"或"汪应辰故里"（现在在紫湖镇土城村口建有"信江源头，状元故里"文化墙，并立汪应辰雕像，我认为欠妥。对于匆匆车行而过的人，会造成误读，以为"状元在这里"，从而会更加淡忘了汪坞）；三是天梁景区恢复"仰天崖状元洞"之名，山间既有亭台楼阁（或重建）恢复"尤美轩"之名；四是组织汪应辰诞辰九百周年系列主题纪念活动，包括举行汪应辰学术研讨会、"汪应辰文学奖"全国性大赛、"才子乡博士县"全国书法名家邀请展暨全国美术作品展、汪氏宗亲客商经贸洽谈会、"万人读应辰"全民阅读接力活动、汪应辰诗词中小学生朗诵大赛等，至少召开一次纪念汪应辰诞辰九百周年座谈会；五是组织拍摄人文纪录片或电影故事片《汪应辰》，编撰一本面向中小学生、好读的有关汪应辰的书；六是将来如规划建设新公园、广场，以"汪应辰"命名；七是适时重建端明书院。

在玉山县紫湖中学"状元讲坛"上的报告

（2019 年 10 月 25 日）

各位老师、同学们：

感谢紫湖中学——我的母校，邀请我回来。三十年前，我从这里毕业。看到同学们，仿佛看到了三十年前的自己，真是"岁月不居，时节如流"。学校已经大变样了，可是我踏进校门依然感到亲切，好像她三十年前就是这个模样，而我似乎也从未远离。

这是为什么？是因为我们的血液里融进了一种感情，母校之情。学校培养、教育了我们每一个人，无论我们将来走得多远，我们应该铭记于心，用一生来感恩。

今天，我跟同学们讲一讲汪应辰。如果算是讲座，我就用上一个标题——《带你认识汪应辰》。

汪应辰是谁？

如果在三十年前，我们在这里读书的时候，问我们。我敢说，绝大多数同学一问一定就给问住了，即使来自枫叶村的同学也没两个答得出来。如果问枫叶村的同学听说过汪状元吗，他们有人多少会听过一些口口相传的故事，我们家乡话说的"讲汪状元的古"。枫叶村汪坞有一块"状元地"，古代出过一个汪状元，仅此而已。但汪状元是叫汪应辰吗，估计就没两个同学知道了。

你们不一样，不用问，我相信所有的同学都知道汪应辰这个名字，都能说出一二。2018年暑假期间，我到了这里，我发现学校宣传栏中就有对汪应辰的介绍，这令我欣慰。

2018年12月15日，玉山县召开纪念汪应辰诞辰九百周年学术座谈会，县领导出了场，方方面面几十个人参加，有几个大学老师、地方文化研究者在会上作了发言。我也去参加了，也发了个言。

2018年12月28日，在枫叶村举行了隆重的汪应辰诞辰九百周年纪念活动。或许同学们当中，就有人当天在现场。那场面之盛大，宾客之云集，活动之精彩，一定留给你们，留给枫叶村永远抹不去的记忆。我因故未能成行，寄诗一首《欣闻2018年12月28日枫叶隆重纪念中国历史上最年轻状元汪应辰诞辰九百周年活动如期举行而作》："汪公华诞九百年，枫叶人民喜蹁跹。欲把状元凌云志，化作神笔绘新颜。"

那汪应辰究竟是谁呢？

中国历史上最年轻的状元！

这个了不得。中国古代科举制始于隋代，至清代废止，前后一千三百余年，有名有姓的状元大概是六百三十八个。汪应辰是其中最年轻的那一个，考上的时候才十七周岁。从我们玉山县科举史来说，汪应辰是县里第一个状元，也是唯一的一个状元。而这个状元，他是今天我们紫湖镇枫叶村小叶汪坞人。

我想做点解释的是，在我的《走近汪应辰》一书封面折页的"汪应辰简介"中，称"汪应辰是中国历史上最年轻的状元之一"。因为当时我所掌握的资料，还有三个与汪应辰同龄的状元，都是十七周岁。后来随着研究的深入，另三个被逐一排除了。同学们需要知道一个常识，那就是"状元是指古代科举考试进士科第一名"，也就是古代俗称的文状元。有文状元，当然就有武状元。历史上最年轻的武状元九岁，叫朱虎臣，是我们江西浮梁县人，比汪应辰更早两年夺得状元。但朱虎臣不仅是考武科，还是童子科。古代科举考试有数十种科目，比如还有明经科、制科、秀才科、俊士科、明法科、明字科、明算科等。像明经科，它的含金量就不高，古代有一句话"三十老明经，五十少进士"。其他科也多如此。为此，进士科以外的其他数十种科目的第一名都不能算状元，否则状元就太多太滥了。如果非要算，就要严格地加上一个前缀，比如叫武状元、制科状元等，以示区别。

在 2018 年 12 月 15 日玉山县那次会议上，我阐述了这个观点，作了说明更正。我说："'汪应辰是中国历史上最年轻的状元'实至名归，可以去掉'之一'二字，今后要理直气壮地提。"最近玉山县博物馆在编一本有关汪应辰的文集，收录了我的发言稿《宣传纪念汪应辰值得关注的几个问题》。

"草长莺飞二月天，拂堤杨柳醉春烟。"2019 年 3 月 24 日，玉山新华书店举办首届"新华书友汇"活动，邀请我去主讲汪应辰。除了二十来位嘉宾，有不少市民也挤在咖啡厅聆听，让我甚为感动。

我在这场演讲中，对汪应辰有三句话的评价：

第一句，汪应辰是玉山读书人的一个楷模。

汪应辰不仅读书超级厉害，是个大学神，考上了状元。更重要的是他人品好，学问好，官德好，官做得也很大。人品好、学问好，后面讲。汪应辰做官，最高职务是当到了吏部尚书，从二品官，相当于我们今天的中央组织部部长、国家人事部部长。在他声望达到顶峰时，差一点点当上"执政"，就是副宰相，那就是正二品官，相当于今天的国务院副总理了。《宋史·汪应辰传》达三千五百余字，足以见得汪应辰在南宋时期的影响和地位。

第二句，汪应辰是玉山思想文化史上的一座高峰。

汪应辰开创了宋代理学"玉山学派"，被世人尊称为"玉山先生"。开宗立派，如果肚子里没有几桶水、手中没有几把刷子，那是蒙不了人的。玉山自唐代建县以来，千千万万之众，叫"玉山先生"的唯汪应辰一人。他学识渊博，担任过端明殿学士，所以又被叫作汪端明。玉山县城历史上有一座端明书院，可惜现在残垣断壁，杂草丛生。汪应辰还是诗人、散文家、书法家，留下了许多作品，同学们有兴趣可以找一些来读读。

所以，大名鼎鼎的朱熹——就是《观书有感》"半亩方塘一鉴开，天光云影共徘徊。问渠那得清如许？为有源头活水来"这首诗的作者，他才会这样钦佩地评价汪应辰："学贯九流，而不自以为足；才高一世，而不自以为名；道尊德备，而不自以为得；位高声重，而不自以为荣。"意思是说，汪应辰学问高深，博古通今，却从不自满；才华出众，学富五车，却淡泊名利，不图虚名；胸怀宽容，德行高尚；官居高位，但为人低调，从不张扬。这就是人品好、学问好。

第三句，汪应辰是玉山未来已来的一张名牌。

"中国历史上最年轻的状元"这一桂冠，与玉山县作为闻名全国的"博士县"美誉相为映衬。我呼吁更多的玉山读书人、文化人"走近汪应辰"，也期待着玉山进一步把汪应辰故事讲好，借力打造更有底蕴、更加精彩、更具特色的状元文化。

今天我想跟同学们讲讲汪应辰身上有什么值得同学们学习的地方，我也讲三点。

第一点，汪应辰家境贫寒，但自小品行良好，向上向善。

小时候我听过的汪状元故事，大概是这样说的：汪状元的母亲是肚子里怀着汪状元，一路行乞，逃难，来到了小叶这个后来被叫作汪坞的地方。孩子马上要生了，走不了了，家人就在山边搭了一间茅草棚，汪状元就出生在了茅草棚里。

在南宋，一直到清代，枫叶可不是像现在这样一个好像拐进了死角、交通很不便利，连车子都开不过去，进出还要靠船的偏僻地方。相反，它可能是玉山西乡、北乡去往浙江开化的一条交通要道，每天挑夫走卒，来来往往，沿路酒肆茶馆林立，熙熙攘攘。我读清代同治年间修纂的《玉山县志》："小叶桥——在二十四都小叶口，路通开化，高八尺，广三尺，长十丈余。陈起鹏捐田七亩，零立桥户并设渡船，令佃者以时修茸桥渡。"这里记载得很清楚，过桥可往开化去，而且清代时就有渡船。

玉山县有一个研究者，他询访了枫叶、南山、童坊一些人，受访的人告诉这位研究者，小时候听老一辈说"开化华埠—枫叶—大叶—干坑—小葛—王坊—港口屿—后叶—童坊—葛岭，是一条古盐道，很繁华"。古盐道不是官道，官道叫驿道。古盐道上长年累月活跃着一大群背夫（背盐工）和马帮，他们因为贩卖"私盐"，不得不躲避官府的缉私而另辟生路。

所以，汪应辰一家行乞、逃难到汪坞来，也是有可能的。

不过从地名志记载看："汪坞，在徐家店南偏东9公里山坞里。北宋时期汪姓建村，名汪坞。"汪应辰家世居汪坞，而不是行乞、逃难至此才盖起一间茅草棚的可能性更大。

无论《宋史·汪应辰传》，还是各种版本汪氏家谱都记载，汪家世代务农，没有多少家产。汪应辰的父亲曾是玉山县衙一名弓手，就是帮官员打杂跑腿的，即使收入微薄，但大体还是能过日子。后来不知遭到什么变故，举家陷入困顿，生活难以为继。在这样的情况下，汪应辰"出为从兄"。就是说，汪应辰被过继给了自己的堂兄做儿子。

这成了什么事？叫堂兄为爹，自己亲生父亲母亲成了某爷爷某奶奶，自己亲兄弟成了某伯伯某叔叔，自己亲姐妹成了某姑姑！如果不是万不得已，确实有一道迈不过去的坎，谁做得出如此有悖于常理、有负于人情、有违于礼义的决定。一直到母亲去世前一年，汪应辰"既得请于从兄，乃始请于朝而正焉"。就是经朝廷批准，汪应辰才得以与从兄解除继承关系，与母亲正母子之名。这一年，汪应辰已经三十八周岁。可见汪家当时的贫寒，绝不是一般的缺吃少穿。

汪应辰的父亲早逝，好在他有个好母亲。汪应辰的母亲鲁夫人出生于大户人家、书香门第，知书达礼，对孩子教饬甚严。汪应辰自小品行良好，他问别人借书，十分爱惜，从不损坏，而且一定如期归还，无论刮风下雨，无论天冷路滑，决不失信。他天资聪慧，但学习十分吃苦、用功，这一点等下我单独讲。

有一个故事"师有丧事，千里往吊"。汪应辰的老师张九成遭贬落难，官员们怕受牵连，纷纷与张九成划清界限，"交游皆绝"，独汪应辰时时写信问候他。张九成父亲过世，官员们还不依不饶，落井下石，攻击他。汪应辰不远千里，前往吊丧。大家都认为他这样做太危险了，其实还是怕受牵连，影响自己仕途，甚至招来牢狱之灾。但在汪应辰心里，一日为师，终身为父，老师的培养、教育之恩，师生之间的感情，是有多么重多么深。

汪应辰的恩人赵鼎，曾经当过宰相，后来也是被贬官，流放到海南。赵鼎自知当权宰相秦桧要逼他一死，于是写下绝命诗绝食而亡。赵鼎的灵枢从海南送回常山归葬，路过宜春袁州，汪应辰正好在袁州任职。他不仅写祭文祭奠赵鼎，还借了三个士兵护送灵柩上路。秦桧当然不高兴了，要整汪应辰，抓他入狱。幸亏有人帮着汪应辰说了话，才算了事。这就是汪应辰——滴水之恩当涌泉相报。

从汪应辰身上，我们不难得出一个结论：好家教胜于好家境。

一个人无论成绩好坏与否，品行是关键。

第二点，汪应辰天资聪慧，但学习十分吃苦、用功。

幼时，三五岁了，汪应辰一直不肯开口说话，别人还以为他是一个哑巴。直到有一次，父亲背着他去玉山，一走过贲口这个地方，就是今天三清湖（七一水库）大坝附近，汪应辰突然就说话了。自一说话以后，了不得了，成了一个"神童"。

汪应辰的天资聪慧，以善对对子、过目不忘出名。

汪应辰五岁开始读书，多识奇字，就是认得好多难字、生僻字。十岁能作诗，反映机敏，能言善辩，应口辄成。有一次，一个郡博士，就是老师，问汪应辰："韩愈十三而能文，今子奚若？"意思是，唐代大文学家韩愈十三岁能作出好文章了，今天你能做到吗？汪应辰回答道："仲尼三千而论道，惟公其然。"就是反讽这个郡博士，孔夫子教出三千弟子知道治国安邦修心养性的道理，你老先生怎么样？

还有一个对子，上联"马蹄踏破青青草"，下联"龙爪挈开白白云"，有的下联又写作"黯黯云""淡淡云"。上联为曾任玉山县尉的喻子才所出，喻子才后来成为汪应辰的岳父，下联则是汪应辰所对。南宋洪迈《容斋四笔》也记载了有关汪圣锡以"子贡方人，夫我则不暇"对"宰予昼寝，于予与何诛"的轶事。

《宋史·汪应辰传》记载他："从人借书，一经目不忘。"南宋周密所撰《齐东野语》这本书，称汪应辰"天资强敏，记问绝人"。周密举了个例子，说汪应辰去福州做官，担任"闽帅"。南宋大诗人范成大有一首诗《送汪圣锡侍郎帅福唐》，就是写给汪应辰的。汪应辰名应辰，字圣锡。应辰这个名字是考上状元时皇帝宋高宗赐改的，小时候他叫汪洋。福唐是福州的别称。

有一次，有一个老妇人拿着一份告状信在路上拦汪应辰。汪应辰接过状纸一看，"累千百言，皆枝赘不根"。就是说，状子写得很长，但写得很乱，不知所云，不知道她要告什么。汪应辰就说："事不可行也"，这个事打不成官司。老妇人大声道"请大人再仔细看看"，非让汪应辰说清楚，怎么打不成官司。汪应辰笑笑说："尔谓吾不详耶？"，老人家你以为我没看清吗？于是，"驻车还其牒，诵之不差一字。吏民以为神，相戒不敢犯。"汪应辰停下马车，递还告状信，一字不差地把信中内容念了一遍，其实就是背了一遍。这下子无论官员还是老百姓，都捧汪应辰为神，轻易不敢冒犯，不敢在他面前再要小聪明了。

就是这样一个天资聪慧的孩子，学习十分吃苦、用功。

《宋史·汪应辰传》记载他："家贫无膏油，每拾薪苏以继晷。"就是他家里穷，点不起油灯，每天晚上只能借烧柴火的亮光读书。这个"拾薪继晷""燃薪照读"的故事，就是拾柴草点火读书，和西汉匡衡"凿壁偷光"故事，就是凿穿墙壁引邻舍之烛光读书，有异曲同工之意，都用来形容家贫而读书刻苦，被编入了很多读物，可能有些同学读过。

很多同学可能去过洞口的天梁景区，或者去玉山时路过那里。以前它不叫天梁景区，就叫"状元洞""仰天崖"，相传汪应辰小时候在那个洞里读过书。在石洞里读书，那真是面壁读书，既孤寂，又心无旁骛，不受干扰。

即使考上了状元后，汪应辰仍虚心拜师，学习毫不懈怠。他曾题诗客位："为学急如火，客来莫久坐。"状元名气大了，前来求学、交游的人络绎不绝，汪应辰生怕因此而耽误了自己的学习，才会这么说。

第三点，面临逆境、遭遇挫折，汪应辰不放弃、不气馁，奋发图强。

二十周岁那一年，青春正好、意气风发、踌躇满志的汪应辰，在朝廷担任秘书省正字，相当于时下国家图书馆管理员。当时北方的金国入侵南宋，南宋总体上说节节败退。当权宰相秦桧，力主同金国议和。皇帝宋高宗也认为只要达成和议就万事大吉，可以马放南山、休兵养民了。由此可见，朝廷苟且偷安的思想有多么严重。汪应辰偏偏"不识时务"，不顾自己官微言轻，上疏坚决反对议和，认为金国提出议和旨在麻痹南宋，最终欲灭亡南宋。

这下肯定惨了，《宋史·汪应辰传》有一段话："疏奏，秦桧大不悦，出通判建州，遂请辞以归。寓居常山之永年院，蓬蒿满径，一室萧然，饘粥不继。"秦桧很不高兴，大笔一挥，把汪应辰从京城贬去建州，就是今天的福建建瓯。汪应辰干脆辞官不做，跑到了常山县的永年院，一座寺庙，在那里隐居。那里条件很差，路上长满野草，屋舍破败，有时连稠一点的稀饭都供应不上。

在这样的地方，汪应辰一待八年。他怎么待得住？他找到了事做，"益以修身讲学为事"，一件事是读书，修身养性，一件事是讲学，做老师，教学生。他在一封信中说："屏居山林，正得其所。仰得以奉二亲之欢，倘足以考究前言往行，以求其志。造物于我，亦不薄矣。"意思是，远离京城，躲进山林，无车马喧嚣，十分清静，这地方挺好。离玉山老家又不远，可以常回家看看，陪陪家人。特别是可以静下心来读书、考究，从以前贤者的言行中得到受益，来提高自己。命运待我不薄啊，还有什么好怨天尤人的呢。所以《宋史·汪应辰传》接着写道："人不堪其忧，处之裕如也。"别人不能忍受这种困苦，非常忧虑，而汪应辰好像过得很舒适、很富足似的。在汪应辰胸中，有一股浩然之气凛然不可屈服。

纵观汪应辰一生，诚实正直，直言刚毅，不畏权贵，铁骨铮铮，好贤乐善，尤笃友爱，值得同学们学习的地方还有很多很多，今天我就不再展开讲了。

研究汪应辰、研究地方历史文化很有意义。

举个例子。现在去天梁看风景，许多人只匆匆看一眼自然景观，其实，那里可有故事了，可值得挖掘了。

我给同学们念段话："玉山县北三十五里，林壑掩映，山石奇秀。溪水流出，其声清壮。越溪数里。有尤美轩，县尉喻子才所题。"

这是明代《江西通志》中，对我们家乡人俗称洞口那个地方的一段记述。

在约九百年前的南宋，那里建有一座亭榭，有一个非常优雅的名字"尤美轩"。汪应辰写有一首长诗，十三句，每句十四个字，诗名就是《尤美轩》。诗写完后，汪应辰寄给了自己的老师吕本中。吕本中作诗回赠，诗名特别长，六十八个字，叫《尤美轩在玉山县小叶村喻子才作尉时名之取欧阳文忠公醉翁亭记所谓林壑尤美望之蔚然者后数年旧轩既毁复作寺僧移轩山下汪圣锡要诗叙本末因成数句寄之》。

若干年后，一个叫程迥的人，做过德兴县丞、进贤知县、上饶知县，他又赋诗一首《尤美轩》。程迥的诗中有一句"名儒天一涯，怅仰无欢惊"，嵌有"仰""天""涯"三个字。这首诗的题注中写道："尤美轩在玉山之洞岩，玉泉先生所创，上饶公重葺。"玉泉先生是喻子才，汪应辰的岳父。"上饶公"即汪应辰，因为他受封过玉山开国男，晋上饶侯。或许正是在重新修葺岳父所建的尤美轩后，汪应辰心情愉悦，才写下了那首长诗。

南宋王象之在《舆地纪胜》这本书中有更为详尽地记载："洞岩，在玉山三十余里，林壑掩映，岩石奇秀，俯身下四五尺，乃平宽可数十人坐。岩上垂乳如缨，络水流出，其声清壮。越溪以往，可行数里，其旁有尤美轩。取《醉翁亭记》'林壑尤美'之义为名。汪端明有诗，其略云'林峦献状还左右，烟云变相随高低'。程知县诗云'洞岩天下奇，超出滁诸峰'。"

朱熹也有一首《伏读尤美轩诗卷谨赋一篇寄呈伯时季路二兄》，伯时、季路是汪应辰的两个儿子，汪逢和汪逵。

同学们这一听，看看，一座小小的亭榭尤美轩，它多有内涵。它的建造，一定意义上说是为了纪念欧阳修，北宋大名鼎鼎的政治家、文学家，也就是《醉翁亭记》的作者。然后，有那么多文人墨客登临观赏、吟咏情性、作诗唱和，留下"尤美轩诗卷"，赋予它声名，赋予它生命。我以为，尤美轩之于玉山，甚至就像岳阳楼之于岳阳、滕王阁之于南昌、黄鹤楼之于武汉。然而现在，它归于尘土，消逝于人们的记忆。前些天，我专门写了一篇文章《玉山尤美轩》，转给玉山有关方面，希望引起他们的重视。

还是在这个天梁景区，说"状元洞"旁，原有一株涧底松，相传皇帝宋高宗曾写下《题汪状元涧底松》。这不只是导游的解说词，我印象中有一本紫湖自己编的乡土教材，上面也是这么介绍的。当然这不怪我们，清代《玉山县志》在"艺文"中已经收录了这首诗。

从诗题看，应理解为宋高宗为汪应辰所作的书画《涧底松》题诗。然而，迄今并未见汪应辰有作画的记载，其诗作与著述中亦未见《涧底松》。即使有，宋高宗也应以"题涧底松赐汪应辰"的口吻落笔，才符合古代君臣之间的身份。我查找了《全宋诗》《全宋词》，宋高宗赵构并没有这首作品。

那《题汪状元涧底松》究竟是谁写的呢？是唐代大名鼎鼎的白居易，不过原诗名叫《涧底松》，是他所作的讽喻诗中五十首新乐府之一。诗人原附有题注："念寒俊也"。寒俊，指的是出身寒微而才能杰出的人。比白居易更早的西晋诗人左思，有《咏史》诗之二，比白居易晚的宋代苏辙有诗《徐孺亭》、陆游有诗《涧松》，这几首诗都写到了涧底松，都以涧底松象征寒俊之意。

汪应辰正是出身寒微而才能杰出的寒俊，所以后人或许出于对他的景仰，就张冠李戴地改白居易《涧底松》为宋高宗《题汪状元涧底松》，初衷或许并无恶意。但我以为，对汪应辰要景仰，对白居易一样要景仰。是谁就是谁的，我们读书明理，应该是非分明，敬畏文化，尊重历史。但如果不作深入地研究，我们永远只能拾人牙慧，贻笑大方，甚至以讹传讹，三人成虎。

书山有路，学海无涯。我对汪应辰的研究、对地方历史文化的研究还在路上，还非常浅陋，出版的《走近汪应辰》一书也不过是为了引玉而抛出来的那一块砖头。我十分期望在同学们当中，将来也有人有兴趣研究汪应辰、研究地方历史文化，像我这样花发早生的学长，和年轻的朝气蓬勃的、"好像早晨八九点钟的太阳"的你们，携起手来，一起接力，一起努力，把我们家乡的骄傲——汪应辰身上的精神发扬光大，让状元文化泽被桑梓、造福紫湖！

再次感谢母校，让我今天得以有如此宝贵的机会，跟同学们分享我的研究与发现！谢谢同学们认真地聆听！也谢谢老师们！讲得不妥之处，请老师们批评指正！

在玉山县紫湖中学"汪应辰状元奖学金"签约仪式上的致辞

（2020 年 12 月 31 日）

各位来宾、各位老师、同学们：

紫湖山清水秀，这一点没有人有疑问——你看，巍巍三清屹立在我们身后，涓涓溪流汇成美丽信江的一个源头。

紫湖是不是称得上人杰地灵呢？

我们且来看看——

紫湖村有个地名叫九龙庙。据历史上的《玉山县志》记载，九龙庙，又名孚惠庙，祭祀张睢阳。张睢阳是唐朝"安史之乱"时，抵抗叛军、慷慨死难的名将。到了南宋，由于面临金国人南侵的灭顶威胁，宣扬张睢阳的祠、庙如雨后春笋般冒出。南宋绍兴年间，在玉山县城建有将军庙，祭祀张睢阳；在二十六都杏花村建有孚惠庙，祭祀张睢阳；在玉山乡建有贤堂庙，为张睢阳行祠。由此看，九龙庙应当建于南宋绍兴年间，距今至少八百五十余年。

张岭村有个地名叫青果寺。据历史上的《玉山县志》记载，是清代康熙年间迁建了一座寺在那里。从哪里迁来的呢？从今天的天梁景区一带。它原来叫青果院，建于元代延祐年间，距今超过七百年，迁建后改名证果寺。清代嘉庆六年（公元 1801 年），一个叫德明的和尚募资重建。后村以寺名，衍化成青果寺。

大举村历史上有一座文昌阁。有文昌阁的地方，是出读书人的地方。民间传闻这个村原名不叫大举，在明代，村里曾同时出了七个县令，且举人特多，遂改大举："以期望子孙有大的创举取名"。据历史上的《玉山县志》记载，文昌阁是清代嘉庆五年（公元 1800 年）进士吴文健、嘉庆二十四年（公元 1819 年）进士吴瑛合族捐建。

位于八仙洞村的"洋堂寺"（又称作"洋塘寺"），现归三清山景区管理。这座寺建于清代康熙年间，相传其兴盛时，有"洋堂八景"：香炉案、更衣亭、洗心泉、白云钟、石旗鼓、棋盘石、肃心桥、千佛岩。香客络绎不绝。

还有紫湖村的林家宗祠、土城村的四进厅等等，现在都成了在外游子心中的乡愁。

最为盛名的还是建于南宋初年的尤美轩，建在今天的天梁景区一带。我曾在《玉山尤美轩》这篇文章中写道："一座小小的亭榭尤美轩，它寄托着对欧阳修的怀思，有那么多文人墨客登临观赏、吟咏情性，留下'尤美轩诗卷'，赋予它声名，赋予它生命。尤美轩之于玉山，就像岳阳楼之于岳阳、滕王阁之于南昌、黄鹤楼之于武汉。"

这座尤美轩就与汪应辰有关了，它是汪应辰的岳父喻樗所建，又因为汪应辰的缘故，才有了吕本中、朱熹等文人墨客的诗作，才有了它的盛名与价值。

汪应辰，枫叶村汪坞人，南宋绍兴五年（公元1135年）考取状元，当时不满十七周岁，成为中国历史上最年轻的状元！

中国科举制度一千三百余年历史，从隋朝开皇年间起源，至清代光绪三十一年（公元1905年）结束，有名有姓的状元不过六百多个。

这位汪应辰状元，在政治上，以民为本，三任州判，帅掌闽蜀，官至吏部尚书、端明殿学士，是一代名臣；在理学上，师门正统，博学多识，躬行践履，世称"玉山先生"，是一代醇儒；在文学上，崇尚自然，无意于工，寓道于文，可惜传世作品太少，不然也一定是一代名家。

纵观历史上的状元，有的在政治上，有的在理学或文学上，取得了为后世所瞩目的成就，但汪应辰既身居高位，又在理学和文学上都做出了相当的贡献。汪应辰无疑是状元中的佼佼者，《宋史·汪应辰传》篇幅达三千五百余字。

出了这样一位前贤，紫湖称人杰地灵一点也不为过。

作家郁达夫在《怀鲁迅》这篇文章中说："没有伟大人物出现的民族，是世界上最可怜的生物之群；有了伟大的人物，而不知拥护、爱戴、崇仰的国家,是没有希望的奴隶之邦。"

这几年,我为推动汪应辰研究、宣传纪念这位历史人物,做了一些工作:2018 年 9 月,我的《走近汪应辰》一书出版;2018 年 12 月 15 日,玉山县召开纪念汪应辰诞辰九百周年学术座谈会,邀请我参加;2019 年 3 月 24 日,玉山县举办首届"新华书友汇"活动,邀请我主讲汪应辰;2019 年 10 月 25 日,我在紫湖中学以"带你认识汪应辰"为主题给同学们开了一场讲座,这篇讲稿后来被收进了玉山县作家协会主编的《冰溪文学》。

今天,紫湖中学举行"汪应辰状元奖学金"签约仪式,我们首先要感谢校友范祖森先生!乌鸦反哺,羔羊跪乳。没有祖森强烈的报恩之心、家乡情怀、社会责任感,这个奖学金就不会来得这么快,来得这么顺利!积善之家,必有余庆,我们祝愿祖森的事业越做越大!

汪应辰家境贫寒,但自小家教严格,品行良好;天资聪慧,记忆超群,但学习仍然十分吃苦、用功;面临逆境、遭遇挫折,但心怀梦想,砥砺前行,从不放弃,从不气馁,这就是他能够大魁天下、青史标名、流芳万古的"秘籍"。

希望同学们崇德向善,热爱家乡,热爱这个"望得见山、看得见水、记得住乡愁"的地方,热爱这里的一草一木,热爱这里的风土人情!

希望同学们见贤思齐,学习汪应辰身上的"状元精神",每一个人都要有一个"状元梦"。当然,不是说每一个人都能够成为考试的状元。即使一次考到了状元，一定不要骄傲，不要妄自尊大，目空一切；更多的暂时成绩还不够理想的同学，一定不要自卑，不要妄自菲薄，要相信自己，加倍努力，做最好的自己。对于你们，人生刚刚起步，未来的路还很长很长。请记住："三百六十行，行行出状元"。相信你们每一位，将来都能圆自己的"状元梦"，都能考出自己应有的成绩，都能在即使平凡的工作岗位上取得卓越的成就！

这才是设立汪应辰状元奖学金更为深远的意义所在。

明天就是明年了，我把汪应辰的一首诗《雪中梅花》送给大家："窗外不知飞霰集，坐中只觉暗香来。新诗亟报春消息，不待天边看斗魁。"祝愿所有的人，新年新气象！

谢谢大家！

◎玉山县紫湖中学"状元文化长廊"（图片由紫湖中学提供）

◎2021年9月11日，玉山县紫湖中学举行首届"汪应辰状元奖学金"颁奖典礼
（图片由紫湖中学提供）

后记

坚持做一件事情并不容易。回首自己研究汪应辰，不知不觉，已有六七年了。

这个历史人物的身上凝聚着三种强烈的情怀。一是百姓情怀。他寒门出身，不管在朝中还是在地方做官，不管位高权重还是奉祠闲居，始终把百姓冷暖放在心中。二是家国情怀。他忠君、爱国，在国家利益、大是大非面前，立场坚定，不畏权贵，刚直不阿，宁可委屈甚至牺牲自己。三是学习情怀。他谦虚好学，正心诚意，开放包容，勤勤勉勉，活到老学到老。这三种情怀不时激励着我，鞭策着我。

学习、研究的过程漫长而艰辛，一旦有所收获时，心情又无比喜悦。这个收获，可以是很小很小的，比如弄明白了一处断句。《宋史》（1977年11月，中华书局出版）卷三百八十七《汪应辰传》

有这样一段话："好贤乐善，出于天性，尤笃友爱，尝以先畴逊其兄衢，虽无屋可居不顾也。"我一直理解为，汪应辰之兄名叫衢。可无论何版汪氏家谱，均查无汪衢此人。偶读明代邵经邦所撰《弘简录》之记述"（应辰）至衢无屋可居"，方才恍然大悟。原来是断句出了问题，"兄"与"衢"须断开，衢则是指衢州。清代孔毓玑编纂的《常山县志》（雍正二年刊本，卷八）便记述为："应辰最笃友爱，祖业悉让兄。至衢无屋可居，不顾也。"

比较大的收获也有，比如随着新史料的出现与佐证，改变了自己原先的某个观点，纠正了自己原先的某个看法等。汪应辰致仕前后的隐居地，不是浙江常山，而是衢州。更确切地说，自南宋乾道六年（公元1170年）九月，汪应辰从平江府（今苏州）任上请祠，即退隐于衢州超化寺，从此不复再起。这是更正了前一本书《走近汪应辰》附录文章《驳浙江永嘉"汪应辰致仕后隐居并葬于屿北"论》中"三、汪应辰致仕后隐居于浙江常山"的观点。《走近汪应辰》书中，有一插图书法作品《张孝祥致汪应辰札子》有误，应是《张孝祥致高应辰札子》（又称《临存帖》）；有一篇《汪应辰与上饶南岩》恐也不妥，因为《和游南岩》诗，经再求证，应是南宋王洋的《曾纮父约游南岩短韵奉呈》，并非汪应辰所作；等等。

当然还有更大的收获——《走近汪应辰》一书进入了上饶地区"农家书屋"；今年四月初，玉山新华书店的同志联系我，说县里接待部门要放一些书到接待中心去。这让我体会到，我所做的事，它有一定的社会意义和价值。

最近听说玉山县启动博士馆筹建工作，我很想提点建议：结合博士馆建设，重建端明书院。其一，汪应辰、端明书院是玉山历史文化品牌。端明书院从元代以来，几易其址重建，今存遗迹。怀玉山上怀玉书院已重建，端明书院应重放光芒。其二，汪应辰是中国历史上最年轻的状元，学问渊博，其人其事与博士馆主题吻合。馆院合一，既使馆有历史文化底蕴，又使院不至于闲置，各美其美。

在写此书过程中，参阅了玉山博物馆编印的《汪应辰研究文汇》以及雷利荣有关研究文章，有个别处文字引用了在线查询网（中国历史纪事年鉴查询）、《勤学苦练熟能巧才——和名人一起成长》"汪应辰借书苦读"等内容；玉山博物馆、玉山新华书店、紫湖中学、紫湖中心小学以及廖端胜、尤觉人、颜高明、林承鹏、汪建锋等人无偿提供了部分图片，书中有的图片来自于网络公开报道，谨作说明并致以谢意！

借此机会，对范祖森、周亚鹰、黄立峰、王宣海、田建栋、王耀忠、毛传寿、张剑、单泰山、黄代发、张大军、林佑华、王新华、龚小春、汪峰、汪贞海等人，在《走近汪应辰》一书出版、发行、宣传、补正及有关汪应辰主题活动中给予的热情帮助与积极支持，真诚地道一声：谢谢！

也希望自己在工作之外，继续做一些有社会意义、有价值的事情，能坚持做下去。

作者

2021 年 9 月 18 日于南昌